NEW EDITION

Le Comte de MONTE-CRISTO

Alexandre Dumas

Adapted for
intermediate students by
R. de Roussy de Sales

D1558824

pour 15.1.14 : pgs. 85-86

Mc Graw Hill **Glencoe**

New York, New York   Columbus, Ohio   Chicago, Illinois   Peoria, Illinois   Woodland Hills, California

Cover art: Damon Reed
Interior illustrations: Mike Taylor
SGA Illustration Agency
IP7 5AP, England

Glencoe

The McGraw-Hill Companies

Send all inquiries to:
Glencoe/McGraw-Hill
8787 Orion Place
Columbus, OH 43240

ISBN: 0-658-00553-7
Printed in the United States of America
11 12 13 14 QVS 18 17 16 15 14

Introduction

Le Comte de Monte-Cristo by Alexandre Dumas was a popular success, along with his *Les Trois Mousquetaires* that was published at the same time. *Le Comte de Monte-Cristo* was presented as a multi-volume work in 1846; the complicated tale with all its subplots ran to an impressive 1,040 pages.

The novel's accurate historical and geographical details have inspired its admirers to make pilgrimages to the sites described (Marseilles, the château d'If in the Mediterranean, Venice, and especially the island of Montecristo, near Naples) and to imagine the protagonist Dantès, Father Faria, and the multitude of other characters at those places.

The story of the Count of Monte-Cristo exists in dozens of editions and in many languages and media, having been translated worldwide into plays, movies, and even comic books. The great suffering and subsequent metamorphosis of Dantès—from a young, poor, but intelligent and humane sailor into the wealthy and powerful Count whose mission is to serve justice—is a model for modern heroic characters.

A Note to Instructors and Students

Both instructors and students will find this edition of *Le Comte de Monte-Cristo*, adapted for the intermediate student of French, pleasing to read and easy to handle in the classroom. Much of Dumas's original, colorful dialogue and narrative has been kept intact. Many words and structures are marked and glossed in the text, either in simple French equivalents or in English. A complete recording of the text is available for classroom and individual use.

Each chapter of *Le Comte de Monte-Cristo* features both prereading (**Lançons-nous dans la lecture...**) and follow-up student activities (**Révisons...**), designed for both individual and small group/pair work. We have included a great variety of single-answer as well as open-ended exercises focusing on both vocabulary and content, to provide ample review and to give students many kinds of practice in how to deal with a literary work. The prereading activities have been written to guide students into each chapter; each provides an anticipatory question or problem to solve.

After every sixth chapter, a more extended series of follow-up activities reviews previous chapter content and vocabulary and asks students to participate in limited research activities and more-integrated discussion. All the discussion questions, including the pre-reading activity (**Lançon-nous dans la lecture...**) and the follow-up **Travail de réflexion**, **Recherches**, and **Par petits groupes... ou par écrit,** are, in addition, meant to provide ideas for writing activities.

You will note that the French passé simple, or literary past tense, and occasionally the imperfect subjunctive are used in this adaptation. We suggest that instructors introduce or re-introduce students to these verb forms, *for recognition only.*

Table des matières

Lançons-nous dans la lecture...

Un jeune homme extraordinaire. À 19 ans, Dantès a un caractère différent de la plupart des jeunes de son âge. Lisez le chapitre en notant les événements (incidents) qui pourraient confirmer ses qualités extraordinaires.

<u>1</u>

Marseille—L'arrivée

Le 24 février 1815, au port de Marseille, on annonça l'arrivée du navire° le *Pharaon*, venant de Naples.

C'est toujours une grande affaire à Marseille que l'arrivée d'un navire, spécialement quand ce navire, comme le *Pharaon*, a été construit à Marseille et a pour propriétaire une personne de la ville.   5

Le bateau du pilote partit aussitôt à sa rencontre.

Près du pilote était un jeune homme qui regardait attentivement chaque mouvement du navire. C'était M. Morrel, le propriétaire du navire.

Le *Pharaon* s'avançait si lentement et avait une apparence si triste que les curieux qui le regardaient se demandaient quel accident pouvait   10
être arrivé à bord. Toutefois, les experts en navigation reconnaissaient que si un accident était arrivé, ce ne pouvait être au navire lui-même; car il s'avançait dans toutes les conditions d'un navire parfaitement gouverné. Il était en effet gouverné par un jeune marin aux mouvements rapides. C'était un jeune homme de dix-huit à vingt ans,   15
grand et svelte°, avec de beaux yeux bleus et des cheveux noirs; il y avait dans toute sa personne cet air calme et résolu qu'ont les hommes habitués depuis leur enfance à lutter avec° le danger.

«Ah! c'est vous, Dantès! lui cria l'homme qui était dans la barque° du pilote. Qu'est-il donc arrivé, et pourquoi cet air de tristesse°?   20

—Un grand malheur, monsieur Morrel! répondit le jeune homme, un grand malheur pour moi surtout: nous avons perdu ce brave capitaine Leclère.

---

navire grand bateau
svelte mince et gracieux

lutter avec combattre
barque petit bateau

tristesse l'opposé du bonheur

—Et le chargement°? demanda vivement Morrel qui était l'armateur°
du *Pharaon*.

—Il est arrivé à bon port°, et je crois que vous serez content sous ce
rapport°; mais ce pauvre capitaine Leclère...

5 —Que lui est-il donc arrivé à ce brave capitaine?

—Il est mort.

—Tombé à la mer?

—Non, monsieur; mort de la fièvre, au milieu d'horribles souffrances°.
Nous lui avons fait les funérailles ordinaires, et il repose° avec un
10 boulet° attaché aux pieds et un à la tête, au fond de la mer. Nous
rapportons à sa veuve° sa croix d'honneur et son épée°. Ce serait bien
dommage, continua le jeune homme avec un sourire mélancolique, de
faire dix ans la guerre aux Anglais pour finir par mourir comme tout
le monde dans son lit.

15 —Que voulez-vous, monsieur Edmond, reprit l'armateur, qui
paraissait° se consoler de plus en plus, nous sommes tous mortels, et il
faut bien que les anciens fassent la place aux nouveaux, sans cela il n'y
aurait pas d'avancement, et du moment que vous m'assurez que le
chargement est en bon état...

20 —Je vous en réponds°, monsieur Morrel.»

Comme la barque du pilote était maintenant arrivée à côté du navire,
voyant l'impatience de l'armateur, Dantès l'invita à monter à bord.

—Voici votre comptable°, M. Danglars qui sort de sa cabine et qui
vous donnera tous les renseignements° que vous désirez,» dit Dantès.

25 Le nouveau-venu était un homme de vingt-cinq à vingt-six ans, d'une
figure° assez sombre, obséquieux envers ses supérieurs, insolent envers
ses subordonnés.

---

chargement (cargo)
armateur propriétaire d'un
　navire
à bon port sauf
sous ce rapport à cet
　égard

souffrances douleurs
　physiques
repose (rests)
boulet (cannon ball)
veuve femme qui a perdu
　son mari
épée sabre pointu

paraissait semblait
en répondre le garantir
comptable personne qui
　est chargée des comptes
renseignements
　informations
figure visage

«Eh bien, monsieur Morrel, dit Danglars, vous savez déjà le malheur, n'est-ce pas?

—Oui, oui. Pauvre capitaine Leclère! c'était un brave et honnête homme!

—Et un excellent marin surtout°... un vieux marin qui connaissait son métier°.

—Mais, dit l'armateur, il me semble qu'il n'y a pas besoin° d'être si vieux marin pour connaître son métier. Voici notre ami Edmond Dantès qui fait son métier, ce me semble, en homme qui n'a besoin de demander des conseils à personne°.

—Oui, dit Danglars en jetant sur Dantès un regard plein de haine° oui, il est jeune et il ne doute de rien°. À peine le capitaine était-il mort qu'il a pris le commandement sans consulter personne, et qu'il nous a fait perdre un jour et demi à l'île d'Elbe au lieu de° revenir directement à Marseille.

—Quant à prendre le commandement du navire, dit l'armateur, c'était son devoir comme second; mais pourquoi s'est-il arrêté à l'île d'Elbe?

—Pour le plaisir d'aller à terre, voilà tout.»

Une fois arrivés à terre, l'armateur demanda à Dantès pourquoi il s'était arrêté à l'île d'Elbe. Dantès lui dit que c'était pour accomplir un dernier ordre du capitaine Leclère qui, en mourant, lui avait remis° un paquet pour le grand maréchal Bertrand°.

«L'avez-vous donc vu, Edmond? lui demanda l'armateur.

—Qui?

—Le grand maréchal.

—Oui.»

Morrel regarda autour de lui et tira Dantès à part°.

---

surtout par-dessus tout	**ne douter de rien** n'hésiter	**Bertrand** général très
métier profession	devant aucun obstacle	fidèle à Napoléon, qui
besoin nécessité	**au lieu de** plutôt que	alla en exil avec lui
à personne à quelqu'un	**remettre** ici, confier	**à part** séparé des autres
haine hostilité		

«Et comment va l'empereur°? demanda-t-il vivement°.

—Bien, autant que° j'ai pu en juger par mes yeux.

—Vous avez donc vu l'empereur aussi?

—Il est entré chez le maréchal pendant que j'y étais.

5 —Et vous lui avez parlé?

—C'est-à-dire que c'est lui qui m'a parlé, monsieur, dit Dantès en souriant.

—Que vous a-t-il dit?

—Il m'a demandé à qui appartenait° le *Pharaon* et dit qu'il voudrait
10 l'acheter. Je lui ai dit qu'il appartenait à la maison Morrel et fils.—Ah!
ah! a-t-il dit, je la connais. Les Morrel sont armateurs de père en fils,
et il y avait un Morrel qui servait dans le même régiment que moi.

—C'est vrai! s'écria l'armateur tout joyeux; c'était Polica Morrel,
mon oncle, qui est devenu capitaine. Allons, allons, continua
15 l'armateur en frappant amicalement sur l'épaule° du jeune homme,
vous avez bien fait, Dantès, de suivre les instructions du capitaine
Leclère et de vous arrêter à l'île d'Elbe, quoique° si l'on savait que
vous avez remis un paquet au maréchal et causé° avec l'empereur,
cela pourrait vous compromettre. Êtes-vous libre ce soir? Pouvez-vous
20 venir dîner avec nous?

—Excusez-moi, monsieur Morrel, je vous prie, mais je dois ma
première visite à mon père. Je n'en suis pas moins reconnaissant° de
l'honneur que vous me faites.

—C'est juste°, Dantès, c'est juste. Je sais que vous êtes un bon fils. Eh
25 bien! après cette première visite, nous comptons sur vous.

—Excusez-moi encore, monsieur Morrel, mais après cette première
visite, j'en ai une seconde qui ne me tient pas moins au cœur°.

---

empereur Napoléon Iᵉʳ,
  exilé dans l'île d'Elbe
vivement avec vivacité
autant que (as much as)
appartenir être la
  propriété de quelqu'un

épaule shoulder
quoique (although)
causé parlé
être reconnaissant avoir
  un sentiment de
  gratitude

juste conforme à la raison
**ne me tient pas moins
  au cœur** est aussi
  importante pour moi
  sentimentalement

—Ah! c'est vrai, Dantès, j'oubliais qu'il y a quelqu'un qui doit vous attendre avec la même impatience que votre père: c'est la belle Mercédès.»

Dantès sourit.

«Ah! ah! dit l'armateur, cela ne m'étonne° plus qu'elle soit venue trois fois me demander des nouvelles du *Pharaon*! Vous avez là une jolie fiancée. Allons, allons, mon cher Edmond, continua l'armateur, je ne vous retiens pas. Avez-vous besoin d'argent?

—Non, monsieur; j'ai tous mes appointements° du voyage, c'est-à-dire près de trois mois de paie. Mais j'aurai un congé° de quelques jours à vous demander.

—Pour vous marier?

—D'abord°, puis° pour aller à Paris.

—Bon, bon! vous prendrez le temps que vous voudrez, Dantès; le temps de décharger° le navire prendra bien six semaines, et nous ne remettrons pas en mer avant trois mois... Seulement, dans trois mois, il faudra que vous soyez là. Le *Pharaon*, continua l'armateur, en frappant sur l'épaule du jeune marin, ne pourrait repartir sans son capitaine.

—Sans son capitaine? s'écria Dantès les yeux brillants de joie. Est-ce que c'est votre intention de me nommer capitaine du *Pharaon*?

—Si j'étais seul, je vous dirais: c'est fait; mais j'ai un associé. Sur deux voix vous en avez déjà une. Rapportez-vous en moi° de vous avoir l'autre, et je ferai de mon mieux.

—Oh! monsieur Morrel, s'écria le jeune marin les larmes° aux yeux, prenant les mains de l'armateur, monsieur Morrel, je vous remercie au nom de mon père et de Mercédès.»

———— ❖ ————

m'étonne me surprend	**puis** ensuite	**larmes** eau qui sort des
appointements salaire	**décharger** (to unload)	yeux quand on pleure
congé (leave, furlough)	**rapportez-vous en moi**	
d'abord pour commencer	comptez sur moi	

Révisons...

A. Suivons l'intrigue. Complétez les déclarations suivantes selon l'action du chapitre 1.

1. Le *Pharaon* venait d'arriver de/d' _____.
2. Ce navire et ses marchandises appartenaient à _____.
3. Le *Pharaon* avait été construit à _____.
4. Dantès raconte le grand malheur qui était arrivé à bord du *Pharaon* pendant le voyage, c'était _____.
5. Le *Pharaon* a dû s'arrêter à l'île d'Elbe parce que/qu' _____.
6. Dans l'île d'Elbe Dantès a parlé avec _____ et il a vu _____, avant de/d' _____.
7. Dans l'île d'Elbe on a demandé à Dantès de/d' _____.
8. En rentrant chez lui à Marseille Dantès a tout de suite voulu _____.
9. Ensuite, le jeune marin se propose d'aller _____.
10. Son patron, l'armateur dit enfin à Dantès qu'il a l'intention de/d' _____.

B. Travail de réflexion. M. Morrel est-il tout à fait sûr de pouvoir nommer Dantès au poste de capitaine du *Pharaon*? Si non, pourquoi pas?

Lançons-nous dans la lecture...

Le sacrifice, père et fils. Edmond et son père s'aiment beaucoup. Comment le savons-nous? Lisez le chapitre pour trouver la réponse à cette question.

Quel(s) sacrifice(s) Edmond a-t-il fait(s), ou est-il prêt à faire pour son père? Et le père, qu'a-t-il fait, ou bien que veut-il faire pour son fils?

En général qu'est-ce que les parents sacrifient pour leurs enfants? Qu'est-ce qu'un enfant peut sacrifier pour ses parents?

2

Le père et le fils

Dantès se rendit° tout de suite à la maison de son père, 15 rue Meilhan. Il monta vivement les quatre étages d'un escalier obscur et entra dans une petite chambre, basse de plafond°.

Cette chambre était celle qu'habitait le père de Dantès.

La nouvelle de l'arrivée du *Pharaon* n'était pas encore parvenue° au vieillard qui regardait par la fenêtre.   5

Tout à coup, une voix bien connue s'écria derrière lui:

«Mon père, mon bon père!»

Le vieillard jeta un cri et se retourna°; puis, voyant son fils, il se laissa aller dans ses bras, tout tremblant et tout pâle.   10

«Qu'as-tu donc, père, s'écria le jeune homme inquiet°; tu es malade?

—Non, non, mon cher Edmond, mon fils, mon enfant; mais je ne t'attendais pas... et la joie de te revoir... ah! mon Dieu! il me semble que je vais mourir!

---

se rendre aller
plafond (ceiling)
parvenue arrivée jusqu'à

se retourner tourner dans la direction opposée

inquiet qui a un sentiment d'appréhension

—Eh bien! remets-toi°, père! c'est moi, c'est bien moi! Je reviens et nous allons être heureux.

—Ah! tant mieux!° mon enfant! reprit° le vieillard; mais comment allons-nous être heureux? tu ne me quittes donc plus? voyons, conte-
5 moi ton bonheur°.

—Le brave capitaine Leclère est mort, mon père, et il est probable que, par la protection de M. Morrel, je vais avoir sa place. Comprenez-vous, mon père? capitaine à vingt ans? Avec cent louis° d'appointements et une part dans les bénéfices°, je serai riche.

10 —Oui, mon fils, oui, en effet, dit le vieillard, c'est extraordinaire.

—Aussi, je veux que du premier argent que je toucherai vous ayez une petite maison, avec un jardin.»

Les forces manquant° au vieillard, il se renversa° en arrière.

«Voyons, voyons! dit le jeune homme, un verre de vin, mon père, cela
15 vous remontera°; où mettez-vous votre vin?

—Non, merci, ne cherche pas; je n'ai pas besoin de vin, dit le vieillard en essayant° de retenir son fils. Il n'y a plus de vin.

—Comment! Il n'y a plus de vin! dit Dantès en pâlissant°. Vous avez manqué° d'argent, mon père?

20 —Je n'ai manqué de rien puisque te voilà, dit le vieillard.

—Cependant, dit Dantès en pâlissant, cependant, je vous ai laissé deux cents francs, il y a trois mois, en partant.

—Oui, oui, Edmond, c'est vrai; mais tu avais oublié en partant une petite dette chez le voisin Caderousse; il me l'a rappelée, en me disant
25 que si je ne payais pas pour toi, il irait se faire payer chez M. Morrel. Alors, tu comprends, de peur que° cela te fasse tort°...

---

se **remettre** revenir à un meilleur état de santé
tant mieux! marque que l'on est satisfait
reprendre continuer
bonheur ici, bonne fortune

louis pièce d'or de 20 francs (à l'époque)
bénéfice profit
manquer abandonner
se renverser tomber
remonter redonner de l'énergie

essayer s'efforcer
pâlissant devenant pâle
manquer (to lack)
de peur que j'avais peur que
faire tort à (hurt, injure)

—Eh bien?...

—Eh bien! j'ai payé, moi.

—C'était cent quarante francs que je devais à Caderousse. Donc, vous avez vécu trois mois avec soixante francs! murmura le jeune homme.

—Tu sais combien il me faut peu de chose, dit le vieillard.   5

—Oh! mon Dieu, mon Dieu, pardonnez-moi! Tenez! tenez! père, prenez, prenez, et envoyez chercher° tout de suite quelque chose.»

Et il vida° sur la table ses poches qui contenaient une douzaine de pièces d'or, cinq ou six pièces de cinq francs et de la monnaie.

«Doucement!° doucement, dit le vieillard en souriant; avec ta   10 permission, j'userai modérément de ta bourse.

—Fais comme tu voudras, dit le jeune homme: mais avant toute chose, prends une servante, père; je ne veux plus que tu restes seul. Mais chut!° voici quelqu'un.

—C'est Caderousse qui a appris, sans doute ton arrivée et qui vient te   15 faire son compliment de bon retour.»

En effet, au moment où il achevait° la phrase à voix basse, on vit apparaître la tête noire et barbue° de Caderousse. C'était un homme de vingt-cinq à vingt-six ans; il tenait à la main un morceau de drap° qu'en sa qualité de tailleur il voulait changer en un revers° d'habit.   20

«Et te voilà donc revenu, Edmond? dit-il avec un accent marseillais des plus prononcés et avec un large sourire qui découvrait ses dents blanches comme de l'ivoire.

—Comme vous voyez, voisin Caderousse, et prêt à tout faire pour vous aider, répondit Dantès en dissimulant mal sa froideur sous cette   25 offre de service.

—Merci, merci; heureusement je n'ai besoin de rien, et ce sont même quelquefois les autres qui ont besoin de moi.

---

envoyez chercher faites-
vous apporter
vider (to empty)

doucement! interjection
pour engager à la
modération
chut! silence!

achever finir
barbu qui a de la barbe
drap tissu
revers (lining)

—On n'est jamais quitte° envers ceux qui nous ont obligé, dit Dantès, car lorsqu'on ne leur doit plus d'argent, on leur doit la reconnaissance°.

—À quoi bon parler de cela! Ce qui est passé est passé. Parlons de ton
5　heureux retour, garçon. Je suis allé comme cela sur le port et, par hasard°, je rencontre l'ami Danglars. Je lui ai demandé où tu étais et c'est lui qui m'a dit que tu étais allé voir ton père; et alors je suis venu, continua Caderousse, pour avoir le plaisir de te serrer la main.

—Ce bon Caderousse, dit le vieillard, il nous aime tant!

10　—Certainement que je vous aime, et que je vous estime encore; les honnêtes gens sont si rares. Eh bien! te voilà au mieux° avec M. Morrel, d'après ce qu'on m'a dit!

—Oui, dit Dantès, et j'espère être bientôt capitaine.

—Tant mieux, tant mieux! cela fera plaisir à tous les anciens° amis, et
15　je sais° quelqu'un là-bas, au village des Catalans, qui n'en sera pas fâché°.

—Mercédès, dit le vieillard.

—Oui, mon père, reprit Dantès, et, avec votre permission, maintenant que je vous ai vu, maintenant que je sais que vous vous
20　portez bien et que vous avez tout ce qu'il vous faut, je vous demanderai la permission d'aller faire visite à Mercédès.

—Va, mon enfant, va, dit le vieux Dantès, et que Dieu te bénisse.»

━━━━◆━◆━━━━

Caderousse resta un moment encore; puis, prenant congé du vieux Dantès, il descendit à son tour et alla rejoindre Danglars qui
25　l'attendait au coin de la rue.

«Eh bien! dit Danglars, l'as-tu vu?

—Je le quitte°, dit Caderousse.

quitte qui ne doit plus rien	**au mieux** en	**fâché** mécontent
reconnaissance gratitude	excellents termes	**Je le quitte** Je viens de le
par hasard	**ancien** vieux	quitter
accidentellement	**sais** ici, connais	

—Et il t'a parlé de son espérance d'être capitaine?

—Il en parle comme s'il l'était déjà.

—Et il est toujours amoureux de la belle Catalane°?

—Amoureux fou. Il est allé la voir, mais, ou je me trompe fort°, ou il aura du désagrément° de ce côté-là. 5

—Explique-toi. Dis-moi ce que tu sais sur la Catalane.

—Je ne sais rien de bien positif, seulement j'ai vu des choses qui me font croire, comme je te l'ai dit, que le futur capitaine sera très déçu° au village des Catalans.

—Qu'as-tu vu? allons, dis. 10

—Eh bien, j'ai vu que toutes les fois que Mercédès vient en ville, elle y vient accompagnée d'un grand garçon de Catalan à l'œil noir, très brun, très ardent, et qu'elle appelle «mon cousin».

—Ah, vraiment! et tu crois que ce cousin lui fait la cour°.

—Je le suppose: que d'autre peut faire un grand garçon de vingt et un 15 ans à une belle fille de dix-sept ans?

—Et tu dis que Dantès est allé au village des Catalans?

—Il est parti devant moi.

—Si nous allions du même côté°?

—Si tu veux.» 20

Et tous deux s'acheminèrent° vers *La Réserve*. C'était le café du village.

Arrivés là, ils se firent apporter une bouteille de vin.

Catalane de la Catalogne, région du nord-est de l'Espagne	**désagrément** difficulté	**du même côté** dans la même direction
fort beaucoup	**déçu** désappointé	**s'acheminer** se diriger,
	faire la cour (to court)	prendre le chemin

Révisons...

A. Suivons l'intrigue. Dites si les déclarations suivantes sont **vraies ou fausses** selon l'action du chapitre 2. Corrigez les déclarations fausses.

1. Le père d'Edmond Dantès menait une vie aisée, facile.
2. Le vieux Dantès a payé une dette que son fils avait oubliée de régler.
3. Pour payer la dette au voisin Caderousse, le père est allé travailler chez M. Morrel.
4. Le «voisin Caderousse» est banquier de profession.
5. Caderousse dit qu'il rend visite à Dantès chez son père juste pour le plaisir de le voir.
6. En l'absence de Dantès, Mercédès, sa fiancée, se trouve toujours seule.
7. Danglars et Caderousse s'intéressent beaucoup aux projets de mariage de Dantès.
8. Dantès est indifférent en ce qui concerne le destin de son père.
9. Mercédès et d'autres membres de sa famille habitent le village des Catalans.
10. Dantès fait preuve de sentiments chaleureux (*warm*) envers Caderousse, son ancien créancier (*creditor*).

B. Travail de réflexion. À votre avis, pourquoi Danglars et Caderousse s'intéressent-ils à l'avenir (c'est-à-dire, à la future carrière, au mariage, etc.) de Dantès? (Voir la première mention de Danglars, au chapitre 1.)

Lançons-nous dans la lecture...

Un amour impossible? Qui est Fernand? Essayer de voir la situation du point de vue de Fernand. Faites la description de Fernand en donnant autant d'adjectifs que possible. Tirez-les du chapitre et de vos propres conclusions.

3

Réunion

Il faut que nos lecteurs nous suivent à travers l'unique rue de ce petit village catalan et entrent avec nous dans une de ces maisons pittoresques auxquelles le soleil a donné cette belle couleur feuille morte°.

Une belle jeune fille aux cheveux noirs se tenait adossée° à un mur. À trois pas d'elle, assis sur une chaise qu'il balançait° d'un mouvement rythmique, appuyant son coude° sur un vieux meuble°, un garçon de vingt à vingt-deux ans la regardait d'un air inquiet. 5

«Voyons, Mercédès, disait le jeune homme, répondez-moi.

—Je vous ai répondu cent fois, Fernand, et il faut en vérité que vous soyez vraiment entêté° pour insister. 10

—Eh bien! répétez-le encore pour que j'arrive à le croire. Dites-moi pour la centième fois que vous refusez mon amour. Ah! mon Dieu, mon Dieu! avoir rêvé° dix ans d'être votre époux°, Mercédès, et perdre cet espoir qui était le seul but de ma vie! 15

—Ce n'est pas moi du moins qui vous ai jamais encouragé dans cet espoir, Fernand, dit Mercédès. Je vous aime comme un frère, mais ne me demandez pas autre chose que cette amitié fraternelle, car mon cœur est à un autre.

---

feuille morte couleur des feuilles qui tombent en automne
adossé avec le dos contre

balancer mouvoir tantôt d'un côté, tantôt de l'autre
coude (elbow)

meuble table, commode, chaise, etc.
entêté obstiné
rêver imaginer, désirer
époux mari

—Oui, je le sais bien, Mercédès; mais oubliez-vous que c'est parmi les Catalans une loi° sacrée de se marier entre eux!

—Vous vous trompez, Fernand, ce n'est pas une loi mais une habitude, voilà tout; et, croyez-moi, n'invoquez pas cette habitude en votre faveur. Contentez-vous de mon amitié, car je vous le répète, c'est tout ce que je peux vous promettre, et je ne promets que ce que je suis sûre de pouvoir donner.

—Voyons, Mercédès, dit-il encore une fois, répondez est-ce bien résolu?

—J'aime Edmond Dantès, dit froidement la jeune fille, et nul autre qu'Edmond ne sera mon époux.

—Et vous l'aimerez toujours?

—Tant que° je vivrai.»

Fernand baissa° la tête comme un homme découragé.

«Mais s'il est mort? dit-il.

—S'il est mort, je mourrai.

—Mais s'il vous oublie?

—Mercédès! cria une voix joyeuse au dehors de la maison, Mercédès!

—Ah! s'écria la jeune fille pleine de joie, tu vois qu'il ne m'a pas oubliée, puisque le voilà!»

Et elle s'élança° vers la porte qu'elle ouvrit en s'écriant:

«À moi, Edmond! me voici.»

Fernand, pâle et furieux, recula° en arrière, comme fait un voyageur à la vue d'un serpent.

Edmond et Mercédès étaient dans les bras l'un de l'autre. Un immense bonheur les isolait du monde. Tout à coup, Edmond aperçut° la figure sombre de Fernand; par un mouvement dont il ne

---

loi règle obligatoire	**baisser** mettre bas	**reculer** marcher en arrière
tant que aussi longtemps que	**s'élancer** se jeter, avec impétuosité	**apercevoir** remarquer

se rendit pas compte° lui-même, le jeune Catalan tenait la main sur le couteau passé à sa ceinture°.

«Ah! pardon, dit Dantès, je n'avais pas remarqué que nous étions trois.»

Puis se tournant vers Mercédès:

«Qui est monsieur? demanda-t-il.   5

—Monsieur sera notre meilleur ami, Dantès, car c'est mon ami à moi, c'est mon cousin, c'est Fernand, c'est-à-dire l'homme qu'après vous, Edmond, j'aime le plus au monde, ne le connaissez-vous pas?

—Ah! bon!» dit Edmond, et sans abandonner Mercédès dont il tenait la main, il tendit° avec un mouvement de cordialité son autre main au   10
Catalan.

Mais Fernand, loin de répondre à ce geste amical, resta immobile comme une statue.

Alors Edmond promena° son regard investigateur de Mercédès tremblante à Fernand sombre et menaçant.   15

Ce seul regard lui apprit tout.

La colère monta à son front.

«Je ne pensais pas venir avec tant de hâte° chez vous, Mercédès, pour y trouver un ennemi.

—Un ennemi! s'écria Mercédès, mais tu te trompes, Edmond,   20
poursuivit-elle, tu n'as point° d'ennemi ici, il n'y a que Fernand, mon cousin, qui va te serrer la main comme à un ami dévoué.»

Et à ces mots la jeune fille fixa des yeux le Catalan qui, comme s'il était fasciné par ce regard, s'approcha lentement d'Edmond et lui tendit la main.   25

Mais à peine eut-il touché la main d'Edmond qu'il sentit qu'il avait fait tout ce qu'il pouvait faire et qu'il s'élança hors de la maison.

———————— ✦◆✦ ————————

se rendre compte réaliser	**promener** ici, diriger de	**point** pas (du tout)
ceinture (belt)	côté et d'autre	
tendre avancer	**hâte** empressement	

Révisons...

A. Outils linguistiques: vocabulaire. Rattachez chacun des termes
de la colonne **A** à un terme de la colonne **B.**

A	**B.**
1. reculer	**a.** tendre
2. se jeter	**b.** tenace
3. époux	**c.** rêver
4. avancer	**d.** se rendre compte de
5. entêté	**e.** table, chaise
6. meuble	**f.** s'élancer
7. songer	**g.** marcher en arrière
8. s'apercevoir	**h.** mari

B. Travail de réflexion. La jalousie est-elle une émotion raisonnable
ou déraisonnable? Pouvez-vous imaginer une circonstance où elle
pourrait être *raisonnable*? Nommez un autre roman, conte ou film
qui traite de la jalousie. Racontez brièvement une de ces histoires.

Lançons-nous dans la lecture...

Caderousse, Danglars... et Fernand. Caderousse et Danglars réussissent sans aucune difficulté à impliquer Fernand dans leur complot. Lisez le chapitre en notant quelques propos (*remarks*) de Caderousse et/ou de Danglars qui font que Fernand s'y engage avec enthousiasme.

4

Complot°

En sortant de chez Mercédès, Fernand passa devant le café *La Réserve*.

«Eh! le Catalan! eh Fernand! où cours-tu?» dit une voix.

Le jeune homme s'arrêta, regarda autour de lui et aperçut Caderousse attablé° avec Danglars.

«Eh! dit Caderousse, pourquoi ne viens-tu pas prendre un verre avec nous?»   5

Fernand s'arrêta.

Et il tomba plutôt qu'il ne s'assit sur une des chaises qui entouraient la table.

«Il paraît que Dantès et Mercédès vont se marier, dit Caderousse d'un air nonchalant.   10

—Quand est la noce°? demande Danglars.

—Oh! elle n'est pas encore faite! murmura Fernand.

—Non, mais elle se fera, dit Caderousse, aussi vrai que Dantès sera capitaine du *Pharaon*, n'est-ce pas?   15

—C'est un mariage qui ne semble pas faire le bonheur de tout le monde, dit Danglars.

—Il me désespère°, dit Fernand.

---

complot conspiration	**noce** mariage	**désespérer** rendre mal-
attablé assis à une table		heureux

—Vous aimez donc Mercédès?

—Je l'adore!

—Depuis longtemps?

—Depuis que nous nous connaissons, je l'ai toujours aimée.

5 —Et vous êtes là à vous arracher° les cheveux, au lieu de chercher un
remède à la chose? Je ne croyais pas que ce fût ainsi qu'agissaient° les
gens de votre nation.

—Que voulez-vous que je fasse?

—Et que sais-je, moi? Est-ce que cela me regarde°? Ce n'est pas moi,
10 ce me semble, qui suis amoureux de Mlle Mercédès, mais vous.

—J'avais songé à poignarder° l'homme, mais la femme m'a dit que, s'il
arrivait un malheur à son fiancé, elle se tuerait°.

—Bah! on dit ces choses-là, mais on ne les fait point.

—Qu'elle se tue ou non, que m'importe°, pourvu que Dantès ne soit
15 point capitaine, dit Danglars, à moitié° ivre°.

—Il n'est pas besoin que Dantès meure; d'ailleurs, ce serait fâcheux°
car c'est un bon garçon et je l'aime bien, dit Caderousse en se versant
un autre verre de vin. À ta santé, Dantès! Et il se mit à chanter.

—Vous disiez donc, monsieur? reprit° Fernand attendant avec avidité°
20 la suite de sa pensée.

—L'absence sépare tout aussi bien que la mort; et supposons qu'il y ait
entre Edmond et Mercédès les murs d'une prison; ils seront séparés, ni
plus ni moins.

—Tu as raison, Caderousse: mettons Dantès en prison.

25 —Mais pourquoi mettrait-on Dantès en prison? reprit Caderousse; il
n'a ni volé°, ni tué, ni assassiné!

---

arracher tirer avec effort	**que m'importe?** de quelle	**reprendre** continuer
agissaient se comportaient	importance est-ce?	**avidité** désir ardent
regarder ici, concerner	**moitié** demi	**voler** prendre les biens
poignarder frapper avec un	**ivre** sous l'influence de	d'un autre
couteau	l'alcool	
se tuer se suicider	**fâcheux** pénible	

—Non, mais il y a un moyen°, dit Danglars.

—Eh bien! Quel moyen? demande le Catalan en voyant que le reste de la raison de Caderousse commençait à disparaître sous son dernier verre de vin.

—Oui, il y a un moyen, reprit Danglars. Par exemple: si après un voyage comme celui que vient de faire Dantès, et dans lequel il a touché à l'île d'Elbe, quelqu'un le dénonçait au procureur° du roi comme agent bonapartiste...

—Je le dénoncerai, moi! dit vivement le jeune homme.

—Oui; mais alors on vous fait signer la déclaration et on vous confronte avec celui que vous avez dénoncé... Si on se décidait à une pareille chose il vaudrait bien mieux prendre tout bonnement°, comme je le fais, cette plume, et écrire de la main gauche, pour que l'écriture ne fût pas reconnue, une petite dénonciation ainsi conçue.»

Et Danglars, prenant la plume, écrivit de la main gauche et d'une écriture renversée, qui n'avait aucune ressemblance avec son écriture habituelle, les lignes suivantes qu'il passa à Fernand et que Fernand lut à demi-voix:

«Monsieur le procureur du roi est prévenu° par un ami du trône° et de la religion, que le nommé Edmond Dantès second du navire le *Pharaon*, arrivé ce matin de Naples, après avoir touché à l'île d'Elbe, a été chargé par Murat°, d'une lettre pour l'usurpateur, et par l'usurpateur, d'une lettre pour le comité bonapartiste de Paris. On aura la preuve de son crime en l'arrêtant; car on trouvera cette lettre ou sur lui ou dans sa cabine à bord du *Pharaon*.»

—À la bonne heure°, continua Danglars, il n'y aurait plus qu'à adresser cette lettre à monsieur le procureur du roi et tout serait dit.

—Oui, tout serait dit, s'écria Caderousse en riant à l'idée d'une pareille dénonciation.

---

moyen manière	**prévenir** informer, avertir	**à la bonne heure** c'est bien
procureur magistrat	**trône** c'est-à-dire, le roi	
tout bonnement simplement	**Murat** (1767–1815) beau-frère de Napoléon 1ᵉʳ	

—Mais, ce que je dis et fais, ce n'est qu'en plaisantant°, dit Danglars et prenant la lettre qu'il froissa° et jeta par terre.

—Mais il est temps de rentrer; donne-moi donc ton bras et rentrons, dit Danglars.

5 —Rentrons, dit Caderousse, mais je n'ai pas besoin de ton bras pour cela. Viens-tu, Fernand? rentres-tu avec nous à Marseille?

—Non, dit Fernand, je reste au village.»

Danglars prit le bras de Caderousse et ils partirent ensemble.

Lorsqu'il eut fait° une vingtaine de pas, Danglars se retourna et vit 10 Fernand se précipiter sur le papier qu'il mit dans sa poche; puis aussitôt, s'élançant hors du café, Fernand prit le chemin de la ville.

«Je crois que maintenant l'affaire est bien lancée° et qu'il n'y a plus qu'à la laisser marcher toute seule,» se dit Danglars.

Révisons...

A. Suivons l'intrigue. Complétez les déclarations suivantes en choisissant la terminaison convenable. (Il y a parfois plus d'une réponse correcte.)

1. En sortant de chez Mercédès, Fernand est allé *chez lui / au café La Réserve / chez Dantès.*
2. Là, Fernand a rencontré *Danglars / M. Morrel / Caderousse.*
3. Fernand a l'air déprimé parce que/qu'*il aimerait être capitaine du Pharaon / sa bien-aimée veut épouser un autre.*
4. Ses deux compagnons rappellent à Fernand que *Dantès va se marier avec Mercédès / M. Morrel va nommer Dantès au poste de capitaine.*
5. S'il arrivait un malheur à son fiancé, Mercédès a dit à Fernand qu'*elle quitterait le village / elle se tuerait / elle se marierait avec lui.*

---

plaisanter dire ou faire quelque chose pour s'amuser

froisser (to crumple)
eut fait avait fait

lancer ici, commencer

6. Plutôt que de l'assassiner, on propose l'idée de *faire partir Dantès en voyage / faire mettre Dantès en prison.*

7. Un des personnages a l'idée d'envoyer une lettre anonyme au procureur du roi. Ce personnage, c'est: *Dantès / Danglars / Caderousse / Fernand.*

8. La lettre dit que Dantès *avait volé son patron / était agent bonapartiste / avait été chargé d'une lettre de l'usurpateur.*

9. Impossible de savoir qui a écrit la lettre parce que *l'écriture a été truquée / la lettre est écrite de la main gauche / la lettre est signée par Caderousse.*

10. Nous savons que l'auteur de la lettre ne va pas l'envoyer parce qu'*il la déchire / il la froisse / il la jette par terre.*

11. L'auteur de la lettre a pourtant réussi à ses dessins *(plans)* parce que *Dantès trouve la lettre / Fernand met la lettre dans sa poche.*

B. Travail de réflexion. Au début du *Comte de Monte-Cristo* nous sommes en France en 1815. Dans le chapitre 4, quand les personnages font référence à *l'usurpateur*, de qui s'agit-il? Pourquoi est-ce qu'on l'appelle *l'usurpateur*? (Utilisez une encyclopédie ou un livre d'histoire, ou bien interviewez un[e] expert[e]).

Lançons-nous dans la lecture...

L'ignominie. Le repas des fiançailles de Dantès et Mercédès met en scène tous les personnages significatifs de la vie de Dantès. Au cours de votre lecture, notez le nom de chacun des personnages et le rôle qu'il a joué jusqu'ici.

5

Le repas des fiançailles°

Le lendemain fut un beau jour. Le soleil se leva pur et brillant.

Le repas avait été préparé au premier étage° de cette même *Réserve*.

Quoique le repas ne fût indiqué que pour midi, dès onze heures du matin les convives° commencèrent à arriver. C'étaient d'abord les
5 marins du *Pharaon* et quelques soldats, amis de Dantès. Tous avaient, pour faire honneur aux fiancés, mis leurs plus beaux habits°.

Le bruit circulait parmi les futurs convives que les armateurs du *Pharaon* devaient honorer de leur présence le repas de noces de leur second; mais c'était de leur part un si grand honneur accordé à Dantès que personne
10 n'osait° y croire. Cependant Danglars en arrivant avec Caderousse, confirma à son tour cette nouvelle. Il avait vu le matin M. Morrel lui-même, et M. Morrel lui avait dit qu'il viendrait dîner à *La Réserve*.

En effet, un instant après eux, M. Morrel fit son entrée dans la chambre et fut salué par les matelots° du *Pharaon* d'un hourra unanime
15 d'applaudissements.

À peine° M. Morrel fut-il entré qu'on envoya Danglars et Caderousse prévenir le fiancé de l'arrivée du personnage important dont la vue avait produit une si vive sensation, et lui dire de se hâter°.

Danglars et Caderousse partirent en courant, mais ils n'avaient pas
20 fait cent pas qu'ils virent la petite troupe° qui venait.

---

fiançailles promesse de mariage	**convive** invité	**à peine** (hardly)
premier étage (second floor)	**habits** vêtements	**se hâter** se presser, se dépêcher
	oser risquer	**troupe** groupe
	matelot marin	

*«Je suis porteur d'un mandat d'arrêt, dit le commissaire;
lequel de vous, messieurs, est Edmond Dantès?»*

Cette petite troupe se composait de quatre jeunes filles, amies de Mercédès et Catalanes comme elle, qui accompagnaient la fiancée à laquelle Edmond donnait le bras. Près d'eux marchait le père de Dantès, et derrière eux venait Fernand avec son mauvais sourire.

5 Ni Mercédès ni Edmond ne voyaient ce mauvais sourire. Les pauvres enfants étaient si heureux qu'ils ne voyaient qu'eux seuls.

Mercédès était plus belle que jamais. Elle marchait de ce pas libre et franc dont marchent les Arlésiennes° et les Andalouses°.

On se mit à table et jamais il n'y eut un repas plus joyeux. Toutefois,
10 il ne fallait pas qu'on reste trop longtemps à table, car à deux heures et demie le maire de Marseille les attendait à l'Hôtel de Ville° pour les marier.

«Mercédès n'est pas encore ma femme, dit Dantés en riant. (Il tira° sa montre°.) Mais dans une heure et demie, elle le sera.»

15 On entendit frapper trois coups à la porte; chacun regarda son voisin d'un air étonné°.

«Au nom de la loi!» cria une voix vibrante à laquelle personne ne répondit.

Aussitôt la porte s'ouvrit et un commissaire de police entra dans la
20 salle suivi de quatre soldats, conduits par un caporal.

L'inquiétude fit place à la terreur.

«Qu'y a-t-il? demanda l'armateur en s'avançant au-devant° du commissaire qu'il connaissait.

—Je suis porteur d'un mandat d'arrêt°, dit le commissaire; et quoique
25 ce soit avec regret que je remplisse ma mission, il ne faut pas moins que je la remplisse: lequel de vous, messieurs, est Edmond Dantès?»

Tous les regards se tournèrent vers le jeune homme qui, fort ému° mais conservant sa dignité, fit un pas en avant et dit:

Arlésienne d'Arles	**Hôtel de Ville** mairie	**étonné** surpris
Andalouse d'Andalousie,	(bureau municipal)	**au-devant** vers
région dans le sud de	**tirer** faire sortir	**mandat d'arrêt** ordre
l'Espagne	**montre** petite horloge,	d'arrêter
	portative	**ému** plein d'émotion

«C'est moi, monsieur, que me voulez-vous?

—Edmond Dantès, reprit le commissaire, au nom de la loi, je vous arrête!

—Vous m'arrêtez! dit Edmond, mais pourquoi m'arrêtez-vous?

—Je l'ignore°, monsieur, mais votre premier interrogatoire° vous l'apprendra.»

M. Morrel comprit qu'il n'y avait rien à faire contre l'inflexibilité de la situation.

Le père de Dantès se précipita° vers l'officier: il y a des choses que le cœur d'un père ou d'une mère ne comprendront jamais; larmes et prières ne pouvaient rien; cependant son désespoir était si grand que le commissaire en fut touché.

«Monsieur, dit-il, tranquillisez-vous; peut-être que c'est une erreur et dès que l'on aura interrogé votre fils, il sera remis en liberté.

—Ah ça! qu'est-ce que cela signifie? demanda Caderousse à Danglars qui jouait la surprise.

—Le sais-je, moi! dit Danglars; je suis comme toi: je n'y comprends rien.»

Pendant cette conversation, Dantès avait en souriant serré la main à tous ses amis et s'était constitué prisonnier en disant: «Soyez tranquilles, l'erreur va s'expliquer, et probablement que je n'irai même pas jusqu'à la prison.»

Dantès descendit l'escalier, précédé du commissaire de police et entouré par les soldats: une voiture° dont la porte était ouverte attendait à la porte; il y monta; la portière se referma et la voiture reprit le chemin de Marseille.

—◆—

ignorer ne pas savoir
interrogatoire questions posées à un accusé
se précipiter s'approcher rapidement
voiture (coach)

Révisons...

A. Suivons l'intrigue. Terminez chacune des déclarations suivantes selon l'action du chapitre 5.

1. Les premiers convives qui arrivent au repas des fiançailles sont _____.

2. À leur arrivée, Mercédès et son fiancé sont accompagnés par _____.

3. La présence de _____ au banquet est un grand honneur parce que/qu' _____.

4. Mercédès et Edmond sont tellement heureux qu'ils ne voient pas quelque chose de douteux, c'est _____.

5. Nous savons que le jeune couple n'est pas encore marié parce que/qu' _____.

6. Les convives s'étonnent du bruit de/d' _____.

7. Le commissaire répond à l'effroi (terror) du père d'Edmond en lui disant _____.

8. En partant, Edmond sourit à ses amis et leur serre la main; il est certain que/qu' _____.

9. Il y a plusieurs convives qui savent pourquoi Edmond a été arrêté – ce sont: _____.

B. Travail de réflexion. Imaginez ce que chacun des invités au repas de fiançailles a dit ou fait après l'arrestation de Dantès. Présentez vos idées à vos camarades de classe.

Lançons-nous dans la lecture...

Une situation ambiguë. M. de Villefort – le substitut du procureur
(*prosecutor*) du roi – est lui-même dans une situation ambiguë au
niveau politique. Lisez le chapitre pour comprendre l'ambiguïté
politique de Villefort.

6

L'interrogatoire

M. de Villefort, qui devait interroger Edmond, était le substitut° du
procureur du roi. Il était naturellement royaliste. Cependant son père,
M. Noirtier, qui demeurait à Paris, était bonapartiste, et pour que les
opinions politiques de son père ne nuisent° pas à ses ambitions, M. de
Villefort avait renoncé à sa famille et avait changé de nom.   5

M. Morrel était déjà allé voir M. de Villefort et lui avait recommandé
son jeune ami.

«Oh! monsieur, il lui avait dit; vous ne connaissez pas celui qu'on
accuse et je le connais moi: imaginez l'homme le plus doux°, et je dirai
même l'homme le plus honnête de la marine marchande. Oh!   10
monsieur de Villefort, je vous le recommande de tout mon cœur.»

Après avoir pris les papiers que lui donna un agent, M. de Villefort
quitta l'antichambre où il avait reçu M. Morrel en disant:

«Qu'on amène° le prisonnier.»

Un instant après, Dantès entra.   15

Le jeune homme était toujours pâle, mais calme et souriant.

«Qui êtes-vous et comment vous nommez-vous? demanda Villefort.

—Je m'appelle Edmond Dantès, monsieur; je suis second à bord du
Pharaon, qui appartient à MM. Morrel et fils.

—Votre âge?   20

| substitut (deputy prosecutor) | nuire faire obstacle | amener faire entrer |
| | doux bon, affable | |

—Dix-neuf ans, répondit Dantès.

—Que faisiez-vous au moment où on vous a arrêté?

—J'assistais au° repas de mes propres fiançailles.

—Continuez, monsieur, dit Villefort.

5 —Pourquoi voulez-vous que je continue?

—Pour éclairer° la justice.

—Que la justice me dise sur quel point elle veut être éclairée et je lui dirai tout ce que je sais.

—On dit vos opinions politiques exagérées, dit Villefort.

10 —Mes opinions politiques, à moi, monsieur? hélas! c'est presque honteux° à dire, mais je n'ai jamais eu ce qu'on appelle une opinion: j'ai dix-neuf ans à peine, comme j'ai eu l'honneur de vous le dire. Aussi, toutes mes opinions se limitent à ces trois sentiments: j'aime mon père, je respecte M. Morrel et j'adore Mercédès. Voilà tout ce que

15 je peux dire à la justice; vous voyez que c'est peu intéressant pour elle.

—Vous connaissez-vous des ennemis?

—Des ennemis à moi! dit Dantès: j'ai le bonheur d'être trop peu de chose pour que ma position m'en ait fait.»

Villefort tira la lettre de dénonciation de sa poche et la montra à Dantès.

20 «Reconnaissez-vous cette écriture?»

Dantès regarda et lut. Un nuage° passa sur son front, et il dit:

«Non, monsieur, je ne connais pas cette écriture; elle est déguisée.

—Voyons! dit le substitut, parlez-moi franchement et dites-moi tout ce que vous savez. Parlez, monsieur.

25 —Voici la vérité pure, sur mon honneur de marin: en quittant Naples, le capitaine Leclère tomba malade d'une fièvre. Sentant qu'il allait mourir, il m'appela près de lui.

---

assister à être présent à **éclairer** rendre clair, instruire **honteux** ignominieux
nuage (cloud)

"—Mon cher Dantès, me dit-il, jurez-moi sur votre honneur de faire ce que je vais vous dire.

"—Je vous le jure, capitaine, lui répondis-je.

"—Eh bien! comme après ma mort le commandement du navire vous appartient en qualité de second, vous prendrez ce commandement°, vous irez à l'île d'Elbe, vous demanderez le grand maréchal, vous lui remettrez cette lettre; alors peut-être qu'on vous remettra une autre lettre et qu'on vous chargera de quelque mission. Cette mission qui m'était réservée, Dantès, vous l'accomplirez à ma place. 5

"—Je le ferai, capitaine, mais peut-être n'arrive-t-on pas si facilement que vous pensez à voir le grand maréchal. 10

"—Voici une bague° que vous lui ferez parvenir°, dit le capitaine, et qui lèvera toutes les difficultés."

Et à ces mots il me remit une bague. Il était temps: deux heures après, il était mort. 15

«Et qu'avez-vous fait alors?

—Ce que je devais faire. Arrivé à l'île d'Elbe, j'avais quelques difficultés à m'introduire près du grand maréchal; mais je lui envoyai la bague qui devait me servir de reconnaissance, et les portes s'ouvrirent devant moi. Il me reçut et me remit une lettre qu'il me chargea de porter en personne à Paris. 20

—Donnez-moi cette lettre.

—Elle doit être devant vous, monsieur, car on me l'a prise avec mes autres papiers.

—Attendez, dit le substitut en cherchant dans ses papiers; à qui est-elle adressée? 25

—À Monsieur Noirtier, rue Coq-Hardi, à Paris.»

La foudre° tombant sur Villefort ne l'eût point frappé d'un coup plus rapide et imprévu°.

---

commandement (command)	bague (ring) faire parvenir apporter	foudre (lightning) imprévu inattendu

«M. Noirtier, rue Coq-Héron, N° 13, murmura-t-il en pâlissant de plus en plus.

—Oui, monsieur, répondit Dantès étonné, le connaissez-vous?

—Non, répondit vivement Villefort: un fidèle serviteur du roi ne
5 connaît pas les conspirateurs.

—Il s'agit° donc d'une conspiration? demanda Dantès.

—Oui, reprit Villefort. Et vous dites que vous ne savez pas ce que contenait cette lettre?

—Sur l'honneur, monsieur, dit Dantès, je l'ignore.

10 —Et vous n'avez montré cette lettre à personne? dit Villefort tout en lisant et en pâlissant à mesure qu'il° lisait.

—À personne, monsieur.

—Monsieur, les charges les plus graves résultent pour vous de votre interrogatoire. Je ne peux pas, comme je l'avais espéré d'abord, vous
15 rendre votre liberté; je dois, avant de prendre une pareille° mesure, consulter le juge d'instruction°. En attendant, vous avez vu de quelle façon j'ai agi avec vous.

—Oh! Oui, monsieur, s'écria Dantès, et je vous en remercie, car vous avez été pour moi plutôt un ami qu'un juge.

20 —Eh bien! monsieur, je vais vous retenir encore quelque temps prisonnier, le moins de temps que je pourrai; la principale charge qui existe contre vous, c'est cette lettre, et vous voyez...»

Villefort s'approcha de la cheminée, la jeta dans le feu et attendit qu'elle fut réduite en cendres°.

25 «Et vous voyez, continua-t-il, maintenant vous et moi nous savons seuls que cette lettre a existé.

—Oh! s'écria Dantès, monsieur, vous êtes plus que la justice, vous êtes la bonté.»

---

il s'agit il est question
à mesure que en même
   temps que
pareil tel
juge d'instruction (exam-
   ining judge)
cendres (ashes)

Villefort posa la main sur le cordon d'une sonnette°.

Le commissaire de police entra.

Villefort s'approcha de l'officier public et lui dit quelques mots à l'oreille; le commissaire répondit par un simple signe de tête.

«Suivez monsieur,» dit Villefort à Dantès.   5

En traversant l'antichambre, le commissaire de police fit un signe à deux gendarmes, lesquels se placèrent l'un à droite, l'autre à gauche de Dantès. Et Dantès fut reconduit à sa prison.

————◆————

Révisons...

A. Outils linguistiques: vocabulaire. Complétez les déclarations suivantes par un des mots ou expressions suggérés.
Vocabulaire suggéré: cendres, congé, foudre, honteux, imprévu, métier, noce, nuages, nuire, reconnaissance, se remettre

1. Ses anciens «amis» conspirent contre Edmond pour _____ à sa bonne fortune.
2. Edmond le trouve presque _____ qu'il n'ait jamais eu d'opinions politiques.
3. Avant son mariage, le jeune homme a demandé plusieurs jours de/d' _____ à son patron.
4. M. de Villefort a brûlé la lettre de dénonciation, et puis il a jeté les _____.
5. Après l'arrestation de son fils, le père de Dantès n'a pas pu _____ du choc.
6. Le vieux capitaine Leclère avait appris son _____ à Dantès.
7. Le matin il avait fait beau, mais l'après-midi le ciel s'était couvert de/d' _____, et bientôt il y a eu de la _____.
8. L'arrestation de Dantès a été quelque chose de tout à fait _____.

---

sonnette (bell)

9. Le jeune couple a fêté ses fiançailles, mais la _____ n'a jamais eu lieu.

10. À son retour à Marseille, le jeune Dantès s'est trouvé plein de/d' _____ envers M. Morrel.

B. **Suivons l'intrigue.** Mettez les événements suivants par ordre chronologique selon l'action des chapitres 1 à 6.

1. ___ Mercédès, la belle Catalane, refuse les déclarations d'amour de son cousin Fernand.

2. ___ M. de Villefort, dont le père est bonapartiste, est chargé d'interroger Dantès.

3. ___ Danglars persuade Fernand qu'il faut se débarrasser d'Edmond.

4. ___ Le capitaine Leclère du Pharaon est mort de la fièvre pendant le voyage à Marseille.

5. ___ Le vieux Dantès révèle qu'il a payé la dette d'Edmond envers le voisin Caderousse et, par conséquent, qu'il n'a plus d'argent.

6. ___ Edmond Dantès est accueilli avec joie à son arrivée à Marseille après un long voyage en mer.

7. ___ Fernand dénonce Edmond comme bonapartiste par l'astuce d'une lettre fausse.

8. ___ Edmond visite l'île d'Elbe selon les directives du capitaine Leclère.

C. **Recherches: un peu de géographie.** Le capitaine Leclère a demandé à Edmond Dantès de faire une commission (*errand*) dans l'île d'Elbe. Quelle était cette commission? Où se trouve l'île d'Elbe? Quelle est son importance historique? Est-ce que sa situation géographique a contribué à son importance? (Utilisez un atlas, une encyclopédie, l'Internet, etc., ou bien interviewez un[e] expert[e]). Dans cette même région, cherchez aussi l'île de Montecristo.

D. **Par petits groupes... ou par écrit.** Le commissaire de police du roi a arrêté Dantès sans révéler le crime dont il est accusé. De nos jours, en Amérique du nord, est-il possible de faire arrêter un individu de cette façon? Si non, pourquoi pas?

Lançons-nous dans la lecture...

Une révélation progressive. Lorsqu'on ouvre la porte de sa cellule, Dantès est encore assez calme, même quand il voit les quatre gendarmes. Listez les événemments qui rendent Dantès de plus en plus inquiet, voire affolé.

<u>7</u>

L'embarquement

Le lendemain, vers dix heures du soir, au moment où Dantès commençait à perdre espoir°, il entendit des pas dans le corridor. On ouvrit la porte de sa prison; quatre gendarmes attendaient devant la porte.

«Vous venez me chercher? demanda Dantès.   5

—Oui, répondit le gendarme.

—De la part de M. le substitut du procureur du roi?

—Oui, je le pense.

—Bien, dit Dantès, je suis prêt à vous suivre.»

La conviction qu'on venait le chercher de la part de M. de Villefort   10
ôtait° toute crainte° au malheureux jeune homme: il s'avança donc,
calme d'esprit, et se plaça de lui-même au milieu de son escorte.

Une voiture attendait à la porte de la rue; le cocher° était sur son
siège, un gendarme était assis près du cocher.

«Est-ce pour moi que cette voiture est là? demanda Dantès.   15

—C'est pour vous, répondit un des gendarmes, montez.»

Dantès voulut faire quelques observations, mais la portière s'ouvrit, il sentit qu'on le poussait; il n'avait ni la possibilité ni même l'intention de faire résistance, il se trouva en un instant assis au fond de la voiture

---

espoir (hope)   **crainte** peur
ôter enlever   **cocher** (coachman)

*Les gardiens qui tenaient Dantès le forcèrent de se relever
et de descendre à terre.*

entre deux gendarmes; deux autres gendarmes s'assirent sur le banc de devant, et la voiture se mit à rouler avec un bruit sinistre.

Le prisonnier jeta les yeux sur les ouvertures; elles étaient grillées°; il n'avait fait que changer de prison; seulement celle-là roulait, et le transportait en roulant vers un but° ignoré. À travers les barreaux, il reconnut cependant qu'on se dirigeait vers le quai.

Enfin la voiture s'arrêta, on descendit et marcha vers un bateau. En un instant Dantès fut installé dans le bateau entre quatre gendarmes. Une violente secousse° éloigna° le bateau du bord°.

«Mais où me menez-vous? demanda Dantès à l'un des gendarmes.

—Vous le saurez tout à l'heure.

—Mais encore...

—À moins que vous n'ayez un bandeau sur les yeux ou que vous ne soyez jamais sorti du port de Marseille, vous devez cependant deviner° où vous allez.

—Non.

—Regardez autour de vous, alors.»

Dantès se leva, jeta naturellement les yeux sur le point où paraissait se diriger le bateau, et il vit la roche noire sur laquelle est construit le château d'If.

«Ah mon Dieu! s'écria-t-il, le château d'If! Et qu'allons nous faire là?»

Le gendarme sourit.

«Mais on ne me mène pas là pour être emprisonné? continua Dantès. Le château d'If est une prison d'État, destinée seulement aux grands coupables° politiques. Je n'ai commis aucun crime. Est-ce qu'il y a des juges, des magistrats quelconques au château d'If?

—Il n'y a, je suppose, dit le gendarme, qu'un gouverneur, des geôliers°, une garnison° et de bons murs. Allons, allons, ne faites pas tant l'étonné.

---

grillées fermées avec des barres
but destination
secousse choc

éloigner rendre loin
bord (shore)
deviner imaginer

coupable qui a commis un crime
geôlier gardien d'une prison
garnison (garrison)

—Vous prétendez° donc que l'on me conduit au château d'If pour m'y emprisonner.

—C'est probable, dit le gendarme.

—Sans autre information, sans autre formalité? demanda le jeune
5 homme. Ainsi, malgré° la promesse de M. de Villefort?

—Je ne sais si M. de Villefort vous a fait une promesse, dit le gendarme, mais ce que je sais, c'est que nous allons au château d'If. Eh bien! que faites-vous donc? Holà! camarades, à moi!»

Par un mouvement prompt° comme l'éclair°, qui cependant avait été
10 surpris° par l'œil expert du gendarme, Dantès avait voulu° sauter dans la mer; mais quatre bras vigoureux le retinrent au moment où ses pieds quittaient le bateau.

Il retomba au fond de la barque en hurlant° de rage. Le gendarme lui mit le genou° sur la poitrine°.

15 Presque au même instant un choc violent ébranla° le bateau. Dantès comprit qu'on était arrivé et que le bateau venait de toucher terre.

Les gardiens qui tenaient Dantès, à la fois par les bras et le col de son habit, le forcèrent de se relever et de descendre à terre. Ils le traînèrent° vers les marches° qui mènent à la porte de la citadelle. Dantès, au
20 reste°, ne fit point une résistance inutile. Il vit des soldats qui l'attendaient et sentit des escaliers qui le forçaient de lever les pieds, il s'aperçut qu'il passait une porte et que cette porte se refermait derrière lui; mais tout cela machinalement, comme à travers un brouillard°.

Il y eut une halte d'un moment. Il regarda autour de lui: il était dans une
25 cour carrée°, formée par quatre hautes murailles°. On entendait le pas lent et régulier des sentinelles. On attendit là dix minutes à peu près.

On semblait attendre des ordres; ces ordres arrivèrent.

---

prétendre (to claim)	**hurler** crier	**au reste** d'ailleurs
malgré en dépit de	**genou** (knee)	**brouillard** (fog)
prompt rapide	**poitrine** (chest)	**carré** (square)
éclair (flash)	**ébranler** secouer	**muraille** mur épais d'une
surpris perçu	**traîner** tirer derrière soi	certaine élévation
avait voulu avait essayé de	**marche** degré d'un escalier	

Révisons...

A. Suivons l'intrigue. Dites si les déclarations suivantes sont **vraies ou fausses** selon l'action du chapitre 7. Corrigez les déclarations fausses.

1. D'abord, Dantès n'avait aucune raison de soupçonner M. de Villefort.
2. Bien qu'il soit parti avec les gendarmes sans résister, on a mis Dantès dans la voiture de force.
3. La voiture dans laquelle roulait Edmond était une voiture ordinaire.
4. Sortis de la voiture, les gendarmes l'ont embarqué dans un navire transatlantique.
5. Dantès a bientôt compris qu'il est de nouveau dans l'île d'Elbe.
6. Le château d'If était une prison d'État, destinée aux condamnés politiques.
7. Dantès a réussi à sauter dans la mer devant le château d'If.
8. Edmond semble se résigner à sa destinée au moment du débarquement.

B. Travail de réflexion. Relisez le chapitre 7 en notant certains mots et expressions qu'utilise Dumas (adjectifs, verbes) pour évoquer le sentiment progressif d'horreur qu'éprouve (*feels*) Edmond Dantès.

Lançons-nous dans la lecture...

La vie en prison. Lisez le chapitre et indiquez en quoi consistera la vie de Dantès, selon son geôlier.

8

Le château d'If

«Où est le prisonnier? demanda une voix.

—Le voici, répondirent les gendarmes.

—Qu'il me suive, je vais le conduire à son logement.

—Allez,» dirent les gendarmes en poussant Dantès.

5   Le prisonnier suivit son conducteur qui le conduisit dans une salle presque souterraine° dont les murailles humides semblaient imprégnées d'une vapeur de larmes.

«Voici votre chambre pour cette nuit, dit le geôlier qui lui avait servi de conducteur. Demain, peut-être qu'on vous changera de domicile; 10   en attendant, voici du pain, il y a de l'eau dans cette cruche°, de la paille° là-bas dans un coin, c'est tout ce qu'un prisonnier peut désirer. Bonsoir.»

———◆◆◆———

---

souterrain sous terre   **cruche** (pitcher)   **paille** (straw)

Révisons...

A. Outils linguistiques: vocabulaire. Rattachez les termes de la colonne **A** à ceux de la colonne **B**.

A	B
1. logement	a. prison
2. pain	b. nuage
3. muraille	c. pleurer
4. cruche	d. herbe sèche
5. souterrain	e. appartement
6. coin	f. nourriture
7. larmes	g. briques
8. paille	h. carafe
9. geôlier	i. angle
10. vapeur	j. cave

B. Travail de réflexion. Racontez à des camarades un cauchemar (nightmare) horrible que vous avez eu.

Lançons-nous dans la lecture...

Des réclamations. Le premier jour de son emprisonnement Edmond sait avec certitude ce qu'il doit réclamer *(demand)* au geôlier. Lisez le chapitre et listez les réclamations que fait Edmond.

9
—

Le lendemain

Le lendemain, à la même heure, le geôlier rentra.

«Eh bien lui demanda le geôlier, êtes-vous plus raisonnable aujourd'hui qu'hier?»

Dantès ne répondit point.

5   «Voyons donc, dit celui-ci, un peu de courage; y a-t-il quelque chose que je puisse faire pour vous?

—Je désire parler au gouverneur.

—Ceci est impossible.

—Pourquoi cela, impossible?

10 —Parce que, par les règlements de la prison, il n'est pas permis à un prisonnier de le demander. Il est sans exemple° que, sur sa demande, le gouverneur soit venu dans la chambre d'un prisonnier; seulement, soyez sage°, on vous permettra la promenade, et il est possible qu'un jour, pendant que vous vous promenez, le gouverneur passe; alors vous

15 l'interrogerez, et, s'il veut vous répondre, cela le regarde°.

—Mais, dit Dantès, combien de temps puis-je attendre ainsi sans que ce hasard° se présente?

—Un mois, trois mois, six mois, un an peut-être.

—C'est trop long, dit Dantès, je veux le voir tout de suite.

Il est sans exemple Il n'est   **cela le regarde** c'est son   **hasard** chance, occasion
    jamais arrivé   affaire
sage raisonnable

—Ah! dit le geôlier, ne vous absorbez pas ainsi dans un seul désir, ou avant quinze jours° vous serez fou°.

—Ah! tu crois? dit Dantès.

—Oui, fou; c'est toujours ainsi que commence la folie, nous en avons un ici: c'est en offrant sans cesse un million au gouverneur pour qu'il le mette en liberté que l'abbé° qui habitait cette chambre est devenu fou.

—Et combien de temps y a-t-il qu'il a quitté cette chambre?

—Deux ans.

—On l'a mis en liberté?

—Non, on l'a mis au cachot°.

—Écoute, dit Dantès, je ne suis pas abbé et je ne suis pas fou; peut-être que je le deviendrai, mais à cette heure j'ai encore tout mon bon sens: je vais te faire une autre proposition.

—Laquelle?

—Je ne t'offrirai pas un million, moi, car je ne pourrais pas te les donner; mais je t'offrirai cent francs si tu veux la première fois que tu iras à Marseille descendre jusqu'au village des Catalans et remettre une lettre à une jeune fille qu'on appelle Mercédès; pas même une lettre, deux lignes seulement.

—Si je portais ces deux lignes et si j'étais découvert, je perdrais ma place°.

—Eh bien! écoute bien ceci: si tu refuses de porter deux lignes à Mercédès ou, tout au moins, de la prévenir que je suis ici, un jour je t'attendrai caché derrière ma porte, et au moment où tu entreras, je te briserai° la tête avec cette chaise.

—Des menaces! s'écria le geôlier en faisant un pas en arrière et en se mettant sur la défensive: décidément, vous perdez la raison; l'abbé a commencé comme vous. Heureusement que l'on a des cachots au château d'If.»

---

quinze jours deux semaines	**abbé** prêtre	**place** travail
fou insensé	**cachot** cellule de prison, basse et obscure	**briser** mettre en pièces

Dantès prit la chaise et la fit tournoyer° autour de sa tête.

«C'est bien, c'est bien! dit le geôlier; eh bien. puisque vous le voulez absolument, on va prévenir le gouverneur.

—À la bonne heure!» dit Dantès.

5 Le geôlier sortit, et un instant après rentra avec quatre soldats et un caporal.

«Par ordre du gouverneur, dit-il, descendez le prisonnier un étage au-dessous° de celui-ci.

—Au cachot alors, dit le caporal.

10 —Au cachot: il faut mettre les fous avec les fous.»

On lui fit descendre quinze marches et on ouvrit la porte d'un cachot dans lequel on le poussa.

La porte se referma. Dantès alla devant lui, les mains étendues° jusqu'à ce qu'il sentît le mur; alors il s'assit dans un coin et resta immobile,
15 tandis que ses yeux, s'habituant peu à peu à l'obscurité, commençaient à distinguer les objets.

———◆———

---

tournoyer tourner en   au-dessous à un point   étendre (to extend)
  faisant plusieurs tours   inférieur

Révisons...

A. Suivons l'intrigue. Edmond réclame certains services à son geôlier. Voici les réclamations de Dantès. Répondez-lui par les arguments ou le raisonnement du geôlier (au chapitre 9).

1. —Je voudrais une interview avec le gouverneur. — _____
2. —Dites-moi pourquoi c'est impossible. — _____
3. —Combien de temps dois-je attendre avant d'interroger le gouverneur? — _____
4. —Je veux le voir tout de suite. — _____
5. —Remettez pour moi une lettre à une jeune fille au village des Catalans. — _____
6. —Si tu refuses de porter ma lettre, je te briserai la tête avec une chaise. — _____

B. Travail de réflexion Trouvez dans ce chapitre les allusions à la *folie*. À votre avis, est-ce que la folie des prisonniers est inévitable?

Que savons-nous jusqu'ici de l' «abbé fou»? Est-ce que l'offre que l'abbé fait souvent au gouverneur vous semble un signe de folie?

Lançons-nous dans la lecture...

Événements historiques. Lisez le chapitre pour trouver quelques-
uns des événements historiques qui ont eu lieu pendant «les
Cent Jours».

10

Les cent jours

Edmond demeura° prisonnier: perdu dans les profondeurs de son
cachot, il n'entendit point le bruit° formidable de la chute° du trône
de Louis XVIII et celui plus épouvantable° encore de l'écroulement°
de l'Empire.

5 Revenu de l'île d'Elbe, Napoléon Bonaparte avait rétabli l'Empire;
mais après la bataille de Waterloo, il fut obligé d'abdiquer et le roi
Louis XVIII remonta sur le trône.

Deux fois pendant cette période, que l'on appela les Cent Jours,
Morrel est allé voir Villefort, insistant toujours pour la liberté de
10 Dantès, et chaque fois Villefort l'avait calmé par des promesses et des
espérances. Enfin Waterloo arriva. Morrel ne reparut pas chez
Villefort: l'armateur avait fait pour son jeune ami tout ce qu'il était
possible de faire; essayer de nouvelles tentatives sous cette seconde
restauration était se compromettre inutilement.

15 Voilà pourquoi Dantès, pendant les Cent Jours et après Waterloo,
demeura en prison, oublié, sinon des hommes, au moins de Dieu.

---

demeurer rester	**chute** action de tomber	**écroulement** chute, ruine
bruit son	**épouvantable** terrifiant	complète

Révisons...

A. Suivons l'intrigue. Complétez les phrases suivantes selon la narration du chapitre 10.

Pendant les «Cent Jours»...

1. _____ est revenu de l'île d'Elbe.
2. Après son retour, Napoléon a rétabli _____.
3. Napoléon a été obligé d'abdiquer après la bataille de _____. (Il est mort en exil en 1821 dans l'île de Sainte-Hélène à l'ouest de l'Afrique.)
4. À la suite de l'abdication de Napoléon, _____ est remonté sur le trône.
5. Dans ce chapitre, _____ est allé deux fois voir _____ pour demander la liberté de _____, mais en vain.
6. Perdu dans son cachot, _____ n'a même pas entendu parler des Cent Jours.

B. Travail de réflexion. En faisant quelques recherches (encyclopédie, livre d'histoire, Internet) trouvez les dates (mois et année) des événements suivants:

a) le retour de Napoléon de l'île d'Elbe,
b) la chute du trône de Louis XVIII,
c) le rétablissement de l'Empire par Napoléon,
d) la bataille de Waterloo,
e) l'abdication de Napoléon,
f) la «seconde restauration» (= Louis XVIII remonte sur le trône).

Imaginez que vous vivez pendant les Cent Jours. Lequel de ces événements vous intéresse le plus? Pourquoi?

Lançons-nous dans la lecture...

Entrevues avec l'inspecteur des prisons. Découvrez au cours de votre lecture comment Dantès réussit à attirer l'attention et la sympathie de l'inspecteur.

Qu'est-ce que les prisonniers répondent en général à l'inspecteur? Cherchez les éléments qui prouvent que «l'abbé fou» n'est pas comme les autres.

11

Le prisonnier furieux et le prisonnier fou

Un an environ° après le retour de Louis XVIII, il y eut au château d'If une visite de l'inspecteur des prisons.

L'inspecteur visita l'un après l'autre chambres, cellules et cachots. Plusieurs prisonniers furent interrogés: c'était ceux que leur douceur
5 ou leur stupidité recommandait à la bienveillance° de l'administration; l'inspecteur leur demandait comment ils étaient nourris, et quelles étaient les réclamations° qu'ils avaient à faire.

Ils répondaient unanimement que la nourriture était détestable et qu'ils réclamaient leur liberté.

10 L'inspecteur se tourna en souriant vers le gouverneur et dit:

«Je ne sais pas pourquoi on nous fait faire ces tournées° inutiles. Qui° voit un prisonnier en voit cent; qui entend un prisonnier en entend mille; c'est toujours la même chose: mal nourris et innocents. En avez-vous d'autres?

15 —Oui, nous avons les prisonniers dangereux ou fous que nous gardons au cachot.

—Voyons! dit l'inspecteur avec un air de profonde lassitude°, allons les voir; descendons dans les cachots.»

---

environ à peu près
bienveillance faveur
réclamation (complaint)

tournée voyage
d'inspection
Qui Celui qui

lassitude fatigue

On envoya chercher deux soldats et l'on commença de descendre par un escalier si puant°, si infect° que le passage dans un pareil endroit affectait désagréablement à la fois la vue, l'odorat° et la respiration.

«Oh! fit l'inspecteur en s'arrêtant à la moitié de la descente, qui, mon Dieu, peut loger là?

—Un conspirateur des plus dangereux, et qui nous est particulièrement recommandé comme un homme capable de tout°.»

Au grincement° des massives serrures°, Dantès accroupi° dans un angle° de son cachot, releva la tête. À la vue d'un homme inconnu auquel le gouverneur parlait le chapeau à la main, il comprit que c'était un personnage important qui venait et vit là une occasion d'implorer une autorité supérieure. Il bondit° en avant, les mains jointes.

Les soldats croisèrent aussitôt la baïonnette, croyant que le prisonnier s'élançait vers l'inspecteur avec de mauvaises intentions.

L'inspecteur lui-même fit un pas en arrière.

Dantès vit qu'on l'avait présenté comme un homme à craindre°. S'exprimant avec une sorte d'éloquence pieuse qui étonna les visiteurs, il essaya de toucher l'âme° de son visiteur.

«En résumé, dit l'inspecteur, que demandez-vous?

—Je demande quel crime j'ai commis; je demande que l'on me donne des juges; je demande enfin qu'on me fusille° si je suis coupable, mais aussi qu'on me mette en liberté si je suis innocent.

—À quelle époque avez-vous été arrêté? demanda l'inspecteur.

—Le 28 février 1815, à deux heures de l'après-midi.»

L'inspecteur calcula.

«Nous sommes le 30 juillet 1816; il n'y a que dix-sept mois que vous êtes prisonnier.

---

puant qui sent mauvais	**tout** c'est-à-dire tout mal	**bondir** sauter
infect qui exhale de mau-	**grincement** (creaking)	**à craindre** dangereux
vaises odeurs	**serrure** (lock)	**âme** cœur
odorat sens qui perçoit les	**accroupir** (to crouch)	**fusiller** tuer d'un coup de
odeurs	**angle** coin	fusil

—Que dix-sept mois! reprit Dantès. Ah! monsieur, vous ne savez pas ce que c'est que dix-sept mois de prison: dix-sept années, dix-sept siècles, surtout pour un homme qui, comme moi, touchait° au bonheur, pour un homme qui, comme moi, allait épouser une femme
5 aimée, pour un homme qui voyait s'ouvrir devant lui une carrière honorable, et à qui, du milieu du jour le plus beau, tombe dans la nuit la plus profonde, qui voit sa carrière détruite, qui ne sait pas si celle qui l'aimait l'aime encore, qui ignore si son vieux père est mort ou vivant. Dix-sept mois de prison, pour un homme habitué à l'air de la
10 mer! Ayez donc pitié de moi, monsieur, et demandez pour moi, non pas une grâce°, mais un jugement: des juges, monsieur, je ne demande que des juges; on ne peut pas refuser des juges à un accusé.

—C'est bien, dit l'inspecteur, on verra.»

Puis, se retournant vers le gouverneur:

15 «En vérité, dit-il, le pauvre diable me fait de la peine°. En remontant, vous me montrerez le registre de la prison. Je veux voir de quoi il est accusé.

—Certainement,» dit le gouverneur.

La porte s'était refermée; mais l'espoir descendu avec l'inspecteur était
20 resté enfermé avec Dantès.

«Vous voulez voir le registre tout de suite, demanda le gouverneur, ou passer au cachot de l'abbé fou?

—Finissons-en avec les cachots, répondit l'inspecteur. Si je remontais au jour, je n'aurais peut-être plus le courage de continuer ma triste
25 mission.

—Ah! ce prisonnier-là n'est pas un prisonnier comme l'autre et sa folie°, à lui, est moins attristante que la raison de son voisin.

—Et quelle est sa folie?

—Oh! une folie étrange: il se croit possesseur d'un trésor immense. La
30 première année de sa captivité, il a offert au gouvernement un million si le gouvernement voulait le mettre en liberté; la seconde année,

---

touchait approchait   me fait de la peine me   folie trouble mental
grâce (pardon)   rend triste

deux millions; la troisième, trois millions, et ainsi progressivement. Il en est à sa cinquième année de captivité; il va vous demander de vous parler en secret, et vous offrira cinq millions.

—Ah! Ah! en effet, c'est curieux, dit l'inspecteur; et comment appelez-vous ce millionnaire? 5

—L'abbé Faria. C'est ici. Ouvrez, Antoine.»

Le geôlier obéit, et le regard curieux de l'inspecteur plongea dans le cachot de l'abbé fou.

C'est ainsi que l'on nommait généralement le prisonnier.

«Que demandez-vous? dit l'inspecteur sans changer sa formule°. 10

—Moi, monsieur, dit l'abbé d'un air étonné, je ne demande rien.

—Vous ne comprenez pas, reprit l'inspecteur: je suis agent du gouvernement, j'ai mission de descendre dans les prisons et d'écouter les réclamations des prisonniers.

—Oh! alors, Monsieur, c'est autre chose, s'écria vivement l'abbé. 15
Pouvez-vous m'accorder la faveur d'un entretien particulier°?

—Mon cher monsieur, dit le gouverneur, malheureusement nous savons d'avance et par cœur ce que vous direz. Il s'agit du° trésor, n'est-ce pas?

—Cependant, Monsieur reprit l'abbé, s'il s'agissait de faire gagner au 20
gouvernement une somme énorme, une somme de cinq millions par exemple?

—Mon cher Monsieur, le gouvernement est riche et n'a, Dieu merci, pas besoin de votre argent; gardez-le donc pour le jour où vous sortirez de prison.» 25

L'œil de l'abbé se dilata; il saisit la main de l'inspecteur.

«Mais si je ne sors pas de prison, dit-il, si, contre toute justice, on me retient dans ce cachot, si je meurs sans avoir légué° mon secret à

---

formule façon de s'exprimer	**entretien particulier** conversation privée	**Il s'agit** Il est question de, c'est au sujet de
		léguer laisser par testament

personne, ce secret sera donc perdu? J'irai jusqu'à six millions, monsieur, oui, j'abandonnerai six millions, et je me contenterai du reste, si l'on veut me rendre ma liberté.

—Sur ma parole, dit l'inspecteur à demi-voix°, si l'on ne savait pas
5 que cet homme est fou, il parle avec un accent si convaincu qu'on croirait qu'il dit la vérité.»

————◆◆◆————

Révisons...

A. **Suivons l'intrigue.** Qui parle? Voici des propos tirés du chapitre 11. Indiquez qui parle: Dantès (**D**), l'abbé Faria (**F**), le gouverneur de la prison (**G**), l'inspecteur des prisons (**I**)

1. ___ Le 28 février 1815, à deux heures de l'après-midi.
2. ___ J'irai jusqu'à six millions...
3. ___ ...qui, mon Dieu, peut loger là?
4. ___ Oh! une folie étrange: il se croit possesseur d'un trésor immense.
5. ___ ... si je meurs sans avoir légué mon secret à personne, ce secret sera donc perdu?
6. ___ ... nous avons les prisonniers dangereux ou fous que nous gardons au cachot.
7. ___ À quelle époque avez-vous été arrêté?
8. ___ ... le pauvre diable me fait de la peine.
9. ___ Vous voulez voir le registre tout de suite...?
10. ___ ... je demande enfin qu'on me fusille si je suis coupable...

B. **Travail de réflexion.** L'inspecteur des prisons est visiblement touché par ce que lui raconte Dantès. Divisez-vous en groupes pour débattre cette question:

Les circonstances de l'histoire (jusqu'ici) prouvent que l'inspecteur va faire quelque chose pour Edmond, *ou bien*,

Les circonstances prouvent que l'inspecteur ne va rien faire pour Edmond.

à **demi-voix** à voix basse

Lançons-nous dans la lecture...

Une découverte. Cherchez dans le chapitre la réponse à cette question: En consultant le registre de la prison, qu'est-ce que l'inspecteur découvre en particulier dans la note qui concerne le prisonnier Dantès?

12

Rien à faire

Quant à Dantès, l'inspecteur lui tint parole°. En montant chez le gouverneur, il se fit présenter le registre de la prison. La note concernant le prisonnier était ainsi conçue:

Edmond Dantès $\Big\{$ Bonapartiste enragé; a pris une part active au retour de l'île d'Elbe. À tenir au plus grand secret et sous la plus grande surveillance.   5

Cette note était d'une autre écriture et d'une encre différente que le reste du registre, ce qui prouvait qu'elle avait été ajoutée depuis que Dantès était entré en prison.   10

L'accusation était trop positive pour essayer de la combattre. L'inspecteur écrivit donc au-dessous de la note: «Rien à faire°».

---

parole ici, promesse

rien à faire Il est impossible de faire quelque chose pour lui

Révisons...

A. **Outils linguistiques: vocabulaire.** Rattachez les termes de la colonne **A** à ceux de la colonne **B**.

A	**B**
1. réclamation	a. destination
2. hurler	b. terrifiant
3. fusiller	c. écroulement
4. but	d. casser
5. briser	e. en dépit de
6. craindre	f. tirer sur
7. épouvantable	g. s'écrier
8. serrure	h. avoir peur
9. chute	i. plainte
10. malgré	j. fermeture de porte

B. **Suivons l'intrigue.** Mettez les incidents suivants par ordre chronologique selon l'action des chapitres 7 à 12.

1. ＿＿ On met Dantès au cachot.
2. ＿＿ L'abbé Faria dit à l'inspecteur qu'il offre six millions au gouvernement pour racheter sa liberté.
3. ＿＿ Napoléon revient de l'île d'Elbe pour rétablir l'Empire.
4. ＿＿ Dantès essaie de sauter dans la mer près du château d'If.
5. ＿＿ L'inspecteur des prisons trouve l'accusation contre Edmond Dantès trop positive pour essayer de la combattre.
6. ＿＿ L'inspecteur descend dans les cachots.
7. ＿＿ Edmond menace son geôlier avec une chaise.
8. ＿＿ Edmond persuade l'inspecteur d'avoir pitié de lui.

C. **Recherches: la bataille de Waterloo.** Faites des recherches (encyclopédie, livre d'histoire, Internet) sur la bataille de Waterloo. Décrivez cette bataille et sa signification historique. Nommez une autre bataille importante dont vous avez entendu parler (pendant la Guerre Civile, la Seconde Guerre mondiale, la guerre du Vietnam...).

D. Par petits groupes... ou par écrit. Dans le chapitre 10, M. Morrel est allé voir M. de Villefort deux fois pour réclamer la liberté d'Edmond.

Mais après la «seconde restauration» M. Morrel ne pouvait plus rien faire pour son jeune ami: c'était «se compromettre inutilement». Dites pourquoi M. Morrel se serait mis en danger s'il avait continué à aider Dantès.

Lançons-nous dans la lecture...

Une rencontre décisive. L'abbé Faria se révélera un homme intelligent et instruit. Il y a cependant quelque chose d'important qu'il ne sait pas. Lisez le chapitre pour identifier ce dont l'abbé est ignorant.

13
————

Le numéro 34 et le numéro 27

Les jours passèrent, puis les semaines, puis les mois puis les années. À la fin de la deuxième, Dantès avait cessé de compter les jours.

Un soir, vers neuf heures, Dantès entendit un faible bruit° à l'intérieur du mur de son cachot. C'était un grattement, comme si l'on grattait° 5 la pierre avec un instrument quelconque°.

Ce bruit dura trois heures à peu près, après quoi le bruit cessa.

Quelques heures après, le bruit reprit plus fort et plus rapproché°. Edmond se dit:

«Il faut que je l'aide, mais sans compromettre personne. Si le travailleur 10 est un ouvrier° ordinaire, je n'ai qu'à frapper° contre le mur et il cessera son travail pour deviner° quel est celui qui frappe et dans quel but il frappe. Mais comme son travail sera non seulement permis, mais commandé, il reprendra son travail. Si au contraire c'est un prisonnier, le bruit que je ferai l'effraiera°; il craindra° d'être découvert; il cessera 15 son travail et ne le reprendra que ce soir quand il croira tout le monde couché et endormi.» Dantès frappa contre le mur, et le bruit cessa.

La journée se passa, le silence durait toujours.

La nuit vint sans que le bruit ne recommence.

Trois jours se passèrent, soixante-douze heures comptées minute par 20 minute.

---

bruit son	**plus rapproché** plus près	**deviner** essayer de
gratter (to scratch)	**ouvrier** employé qui fait	découvrir
quelconque de quelque	un travail manuel	**effrayer** faire peur à
sorte	**frapper** battre	**craindre** avoir peur

Enfin un soir, comme le geôlier venait de faire sa dernière visite, comme Dantès mettait son oreille contre le mur, il entendit le bruit de nouveau.

Plus de doute possible, il se faisait quelque chose de l'autre côté du mur, et ce travailleur était un prisonnier.

Encouragé par cette découverte, Edmond décida de venir en aide à l'infatigable travailleur. Il commença par déplacer son lit derrière lequel il lui semblait que le travail dans le mur se faisait, et chercha un objet avec lequel il pût creuser° dans la muraille.

Rien ne se présenta à sa vue. Il n'avait ni couteau ni instrument pointu.

Dantès essaya avec ses ongles°, mais ses ongles étaient insuffisants pour cela.

Alors une idée lui passa par l'esprit : le geôlier apportait tous les jours la soupe à Dantès dans une casserole° de fer-blanc°. Cette casserole avait un manche° de fer°; c'était ce manche de fer qu'il lui fallait.

Le soir, Dantès posa son assiette à terre entre la porte et la table; le geôlier en entrant mit le pied sur l'assiette et la brisa en mille morceaux.

Le geôlier regarda autour de lui dans quoi il pouvait verser la soupe.

«Laissez la casserole, dit Dantès, vous la reprendrez en m'apportant demain mon déjeuner.»

Ce conseil flatta la paresse° du geôlier qui n'avait pas besoin ainsi de remonter, de descendre et de remonter encore.

Il laissa la casserole.

Le lendemain Dantès dit au geôlier:

«Eh bien! vous ne m'apportez pas une autre assiette?

—Non, dit le geôlier. Vous cassez° tout. On vous laisse la casserole et on vous versera votre soupe dedans: de cette façon vous ne casserez plus d'assiettes.»

---

creuser faire une cavité
ongle (fingernail)
casserole ustensile de cuisine

fer-blanc (tin)
manche (handle)
fer (iron)

paresse aversion pour le travail
casser briser

Ce manche de casserole était un instrument avec lequel Dantès pouvait travailler. Toute la journeé il travailla. Le soir il avait, grâce à son nouvel instrument, tiré de la muraille plus de dix poignées° de plâtre et de ciment.

5 La nuit, il continua de travailler, mais après deux ou trois heures de labeur, il rencontra une poutre°.

Le manche de sa casserole glissait° sur la surface plane sans pouvoir la pénétrer.

Le malheureux jeune homme n'avait pas songé° à cet obstacle.

10 «Oh! Mon Dieu, mon Dieu! s'écria-t-il, ayez pitié de moi, ne me laissez pas mourir dans le désespoir.

—Qui parle de Dieu et de désespoir en même temps? articula une voix qui semblait venir de dessous terre.»

Edmond sentit se dresser° ses cheveux sur sa tête.

15 «Ah! murmura-t-il, j'entends parler un homme.»

Il y avait quatre ou cinq ans qu'Edmond n'avait entendu parler que son geôlier, et pour le prisonnier, le geôlier n'est pas un homme.

«Au nom du ciel°! s'écria Dantès, vous qui avez parlé, parlez encore. Qui êtes-vous ?

20 —Qui êtes-vous, vous-même? demanda la voix.

—Un malheureux prisonnier, reprit Dantès.

—De quel pays?

—La France.

—Votre nom?

25 —Edmond Dantès.

—Depuis combien de temps êtes-vous ici?

---

poignée quantité que la main fermée peut contenir

poutre pièce en bois ou en métal supportant une construction
glisser (to slip)

songer penser
se dresser se lever
ciel (heaven)

—Depuis le 28 février 1815.

—Votre crime?

—Je suis innocent.

—Mais de quoi vous accuse-t-on?

—D'avoir conspiré pour le retour de l'empereur.   5

—Comment! pour le retour de l'empereur! l'empereur n'est donc plus
sur le trône?

—Il a abdiqué à Fontainebleau en 1814 et a été envoyé à l'île d'Elbe.
Mais vous-même depuis quel temps êtes-vous ici, que vous ignorez
tout cela?   10

—Depuis 1811.»

Dantès frissonna°; cet homme avait quatre ans de prison de plus que lui.

«Dites-moi, sur quoi donne votre chambre?

—Sur un corridor.

—Et le corridor?   15

—Il mène à une cour.

—Hélas! murmura la voix.

—Oh! mon Dieu, qu'y a-t-il donc? s'écria Dantès.

—Il y a que je me suis trompé° et que j'ai pris le mur que vous creusez
pour celui de la citadelle!   20

—Mais alors vous seriez arrivé à la mer?

—C'était ce que je voulais.

—Et si vous aviez réussi°?

—Je me serais jeté à la mer et j'aurais nagé jusqu'à une des îles près du
château d'If, soit° l'île de Tiboulen, soit même la côte°, et alors,   25
j'aurais été sauvé.

---

frissonner (to shudder)	**réussir** avoir un résultat	**soit** ou
se tromper faire une erreur	heureux	**côte** bord de la mer

—Auriez-vous pu nager jusque là?

—Dieu m'en aurait donné la force; et maintenant tout est perdu. Oui, rebouchez° votre trou° avec précaution; ne travaillez plus, ne vous occupez plus de rien, et attendez de mes nouvelles.

5 —Mais qui êtes-vous?... au moins, dites-moi qui vous êtes.

—Je suis... je suis le n° 27... je suis l'abbé Faria.»

——————◆——————

Révisons...

A. **Suivons l'intrigue.** Dites si les déclarations suivantes sont **vraies ou fausses,** selon l'action du chapitre 13. Corrigez les déclarations fausses.

  1. Au début du chapitre, Dantès est en prison depuis plus de quatre ans.
  2. Un soir, il entend un grattement dans le mur.
  3. Ce bruit dure toute la nuit et il l'entend chaque nuit.
  4. Le manche de sa casserole va servir à Dantès d'instrument à creuser.
  5. Lorsque Dantès pousse un cri de frustration, personne ne lui répond.
  6. L'autre prisonnier sait très bien que l'empereur n'est plus sur le trône.
  7. L'autre prisonnier est arrivé au château d'If en même temps que Dantès.
  8. Le prisonnier n°. 27 avait voulu creuser le mur de la citadelle.
  9. Le prisonnier n°. 27 a réussi à nager jusqu'à l'île de Tiboulen.
  10. L'abbé Faria dit à Dantès de cesser son travail pour le moment.

B. **Travail de réflexion.** Connaissez-vous une autre histoire (conte, film, anecdote vraie) où il s'agit d'une tentative d'évasion par un passage souterrain? Racontez-la brièvement.

---

reboucher refermer une   **trou** cavité
ouverture

Lançons-nous dans la lecture...

Un compagnon très sage. L'abbé Faria apprend beaucoup de choses à Dantès. Découvrez la chose la plus importante que l'abbé lui apprend. Comparez votre conclusion avec celle d'un(e) camarade de classe.

14

L'abbé Faria

Le lendemain, comme Dantès venait d'écarter° son lit de la muraille, il entendit frapper trois coups: il se précipita° à genoux.

«Est-ce vous? dit-il, me voilà.»

Alors, au fond du trou sombre dont il ne pouvait mesurer la profondeur, il vit apparaître une tête, des épaules et enfin un homme tout entier qui sortit avec assez d'agileté de l'excavation pratiquée°. 5

C'était l'abbé Faria.

Pendant les mois qui suivirent la première rencontre de Dantès et de l'abbé Faria, l'affection de l'un pour l'autre devint de plus en plus grande. 10

L'abbé Faria était un grand savant° et il enseigna à Dantès beaucoup de choses.

Il révéla quelque chose à Dantès qui devait influencer sa façon de penser.

Dantès lui avait raconté les conditions de son arrestation, et l'abbé avec sa grande perspicacité avait deviné la perfidie° de Danglars, de 15 Fernand et de Villefort.

Quand Dantès vit clair dans les machinations qui l'avaient fait prisonnier, il jeta un cri, chancela° un instant comme un homme ivre; puis, s'élançant par l'ouverture qui conduisait de la cellule de l'abbé à la sienne: 20

écarter éloigner	**savant** homme de science	**chanceler** vaciller sur ses
se précipita se jeter	ou d'érudition	pieds
pratiquer effectuer, faire	**perfidie** trahison	

L'abbé Faria était un grand savant et il enseigna à
Dantès beaucoup de choses.

«Oh! dit-il, il faut que je sois seul pour penser à cela!»

Il tomba sur son lit où le geôlier le retrouva le soir, assis, les yeux fixes, immobile comme une statue.

Pendant ces heures de méditation il avait pris une terrible résolution et fait un formidable serment°.

Une voix tira Dantès de sa rêverie; c'était celle de l'abbé Faria qui, à son tour, ayant reçu la visite de son geôlier, venait inviter Dantès à souper avec lui dans sa cellule.

Dantès le suivit.

«Je regrette de vous avoir aidé dans vos recherches, lui dit l'abbé.

—Pourquoi cela? demanda Dantès.

—Parce que je vous ai infiltré dans le cœur un sentiment qui n'y était point: la vengeance.»

Dantès sourit.

«Parlons d'autre chose, dit-il. Êtes-vous fort?»

Dantès, sans répondre, prit l'outil° de fer que l'abbé avait fait en cachette° et le tordit° comme un fer à cheval.

«Bien, dit l'abbé, nous pourrons exécuter mon plan.»

L'abbé montra alors à Dantès un dessin qu'il avait tracé. C'était le plan de sa chambre, de celle de Dantès et du corridor qui joignait l'une à l'autre. Au milieu de ce corridor, il avait tracé un tunnel qui allait sous la galerie où se promenait la sentinelle; une fois arrivés là, ils décèleraient° une des dalles° qui formait le plancher de la galerie; la dalle, à un moment donné, s'enfoncerait° sous le poids du soldat qui disparaîtrait, tombant dans le tunnel; Dantès se précipiterait sur lui, le lierait°, et tous deux alors descendraient le long de la muraille et se sauveraient°.

Ce plan était si simple qu'il devait réussir.

---

serment promesse solennelle
outil (tool)
en cachette secrètement

tordre tourner violemment
déceler (to loosen)
dalle (paving-stone)
s'enfoncer (sink)

lier attacher avec une corde
se sauver s'échapper

Le même jour, les deux prisonniers se mirent au travail avec d'autant plus d'ardeur que ce travail succédait° à un long repos.

Plus d'un an se passa à ce travail; pendant cette année, et tout en travaillant, Faria continuait d'instruire Dantès, lui parlant tantôt° une langue, tantôt une autre, lui apprenant l'histoire des nations et des grands hommes.

Au bout de quinze mois, le tunnel était fait; l'excavation était faite sous la galerie; on entendait passer et repasser la sentinelle, et les deux prisonniers qui étaient forcés d'attendre une nuit obscure et sans lune pour rendre leur évasion° plus certaine encore, n'avaient plus qu'une crainte°: c'était de voir le plancher s'effondrer° de lui-même sous les pieds de la sentinelle. Pour que cela n'arrive pas, ils placèrent une espèce de petite poutre qu'ils avaient trouvée dans les fondations comme support sous le plancher.

Dantès était occupé à la placer lorsqu'il entendit tout à coup l'abbé Faria qui l'appelait avec un cri de détresse.

Dantès, courant à l'abbé, le trouva tombé en paralysie. C'était la seconde attaque qu'il avait. La troisième, se dit-il, serait fatale. Il lui était alors impossible de s'évader.

«Je resterai ici, dit l'abbé, jusqu'à ce que sonne l'heure de ma délivrance°, qui ne peut plus être maintenant que l'heure de ma mort. Quant à vous, partez. Sauvez-vous! Vous êtes jeune, adroit et fort, ne vous inquiétez pas de moi.

—Eh bien, dit Dantès, moi aussi je resterai.»

Faria considéra ce jeune homme si simple, si sincère, si loyal.

«Allons, dit le malade, lui prenant la main. Vous serez peut-être récompensé de ce dévouement si désintéressé; revenez me voir demain matin, j'aurai quelque chose d'important à vous dire.»

---

succéder venir après	**évasion** (escape)	**délivrance** libération
tantôt une fois... une autre fois	**crainte** peur	
	s'effondrer tomber	

Révisons...

A. Outils linguistiques: vocabulaire. Complétez chacune des phrases suivantes selon l'action du chapitre 14 en utilisant le vocabulaire suggéré.

Vocabulaire suggéré: affection, arrestation, dalle, devine, dévouement, fer à cheval, fort, lit, malade, muraille, se rencontrent, sage, sentinelle, serment, tordant, trou

1. L'abbé Faria et Dantès ont réussi a pratiquer un _____ dans le mur derrière le _____ de Dantès.
2. Les deux prisonniers _____ souvent et sentent beaucoup d' _____ l'un pour l'autre.
3. L'abbé, ayant un esprit très _____, _____ aussitôt les raisons derrière l'_____ de Dantès.
4. Dantès est bouleversé par cette explication; peu après il fait un formidable _____.
5. Dantès prouve à l'abbé qu'il est assez _____ en _____ l'outil comme un _____.
6. Le plan de l'abbé consiste à faire tomber la _____ dans le tunnel après qu'ils ont décelé une _____ dans le plancher.
7. Ils se sauveraient alors en descendant le long de la _____.
8. L'abbé, étant trop _____ pour s'évader, est touché par le _____ que lui montre Dantès.

B. Travail de réflexion. En quoi consistent la «terrible résolution» que prend Dantès et le «formidable serment» qu'il se jure? Que pensez-vous de cette résolution? À votre avis, est-ce que l'abbé a bien fait en aidant Dantès dans ses recherches?

Lançons-nous dans la lecture...

Un héritage immense. Est-ce que le cardinal Spada avait légué un trésor à l'abbé Faria, ou autre chose? Lisez le chapitre pour trouver ce que le cardinal lui avait en effet légué.

15

Le trésor

Lorsque Dantès rentra le lendemain matin dans la chambre de son compagnon de captivité il avait dans sa main un morceau de papier auquel l'habitude d'être roulé avait donné la forme d'un cylindre.

Il montra sans rien dire le papier à Dantès.

5   «Qu'est cela? demanda-t-il.

—Regardez bien, dit labbé, en souriant.

—Je regarde de tous mes yeux, dit Dantès, et je ne vois rien qu'un papier à demi brûlé°, et sur lequel sont tracés des caractères gothiques avec une encre singulière°.

10   —Ce papier, mon ami, dit Faria, c'est mon trésor, dont, à compter d'aujourd'hui la moitié° vous appartient. Vous savez, dit l'abbé, que j'étais le secrétaire, le familier, l'ami du cardinal Spada, le dernier des princes de ce nom. Les richesses de sa famille étaient proverbiales et on disait: Riche comme un Spada. Lorsqu'il mourut, il me légua° ses
15   papiers de famille et sa bibliothèque composée de cinq mille volumes. Dans l'un des livres, j'ai trouvé ce papier décrivant un immense trésor caché dans l'île de Monte-Cristo. C'est le fameux trésor de la famille Spada. Comme la famille Spada est maintenant complètement éteinte°, je suis le seul héritier° du trésor. La moitié est à vous, et si je
20   meurs, le trésor sera tout à vous.»

———————⊷◆⊶———————

brûlé consumé par le feu	**moitié** demi-portion	**éteint** (extinct)
singulier étrange, extraordinaire	**léguer** donner par testament	**héritier** (heir)

Révisons...

A. Suivons l'intrigue. Complétez les déclarations suivantes en choisissant la terminaison correcte selon l'action du chapitre 15. (Il y a parfois plus d'une réponse correcte.)

1. Dantès entre chez son ami *par un passage qu'ils ont fait / par la porte de la cellule.*

2. Les deux prisonniers circulent entre les deux cellules *la nuit seulement / quand le geôlier est parti.*

3. L'abbé tend à Dantès *le trésor de la famille Spada / un papier sous forme de cylindre.*

4. Le papier est couvert *de caractères arabes / de caractères gothiques.*

5. L'abbé donne le papier à Dantès *parce qu'il est malade / parce qu'il veut donner la moitié de son trésor à son ami.*

6. L'abbé était *le secrétaire / l'ami* du cardinal Spada.

7. Avant sa mort, le cardinal a légué à l'abbé *un grand château / une bibliothèque de cinq mille volumes.*

8. L'abbé dit à Dantès *qu'il n'existe plus de membres de la famille Spada / que le trésor est caché dans l'île de Monte-Cristo.*

B. Travail de réflexion. Divisez-vous en groupes pour débattre la question suivante:

L'abbé Faria est l'héritier légitime du trésor de la famille Spada, et il peut en faire ce qu'il voudra, *ou bien,*

L'abbé Faria n'est pas l'héritier légitime de la famille Spada, donc il n'a pas le droit d'offrir le trésor à Dantès.

Lançons-nous dans la lecture...

Rien à perdre. Notez combien Dantès se désespère. Quels risques Dantès est-il prêt à courir s'il n'a rien à perdre?

16

La mort de l'abbé

La nuit suivante, Edmond se réveilla en sursaut°, croyant s'être entendu appeler.

«Grand Dieu! murmura Dantès, serait-ce...»

Il déplaça son lit, tira la pierre qui bouchait° le trou, s'élança dans le
5 corridor et parvint à l'extrémité opposée.

Edmond vit le vieillard pâle, debout encore, se tenant à son lit.

«Eh bien, mon ami! dit Faria résigné, vous comprenez, n'est-ce pas? je n'ai besoin de rien vous dire.»

Edmond poussa un cri douloureux°, prit le vieillard dans ses bras et le
10 coucha sur son lit.

«Maintenant, ami, dit Faria, seule consolation de ma vie misérable, au moment de me séparer de vous pour jamais, je vous souhaite° tout le bonheur que vous méritez; mon fils, je vous bénis°.»

Le jeune homme se jeta à genoux, appuyant sa tête contre le lit du
15 vieillard.

«Mais surtout, continua l'abbé, écoutez bien ce que je vous dis à ce moment: le trésor des Spada existe. Si vous arrivez à sortir de cette prison, courez vite à Monte-Cristo, profitez de votre fortune, vous avez assez souffert.»

20 Une secousse violente interrompit le vieillard.

---

en sursaut subitement
boucher obstruer
douloureux très triste

souhaiter désirer pour
quelqu'un d'autre

bénir (bless)

«Adieu, adieu! murmura-t-il en prenant la main du jeune homme, adieu!»

La figure du vieillard devint livide°, les yeux restèrent ouverts, mais le regard était fixe.

Dantès comprit qu'il était seul avec un cadavre°.   5

Il était temps de s'enfuir; le geôlier allait venir.

Il retourna dans sa cellule.

Cette fois le geôlier commençait sa visite par Dantès; en sortant de son cachot, il allait passer dans celui de Faria auquel il portait le déjeuner.   10

Dantès fut alors pris de curiosité : il voulait savoir ce qui allait se passer dans le cachot de son malheureux ami; il rentra dans la galerie souterraine et arriva à temps pour entendre les exclamations du geôlier qui appelait à l'aide.

Le gouverneur entra suivi du médecin et de plusieurs officiers.   15

Il se fit un moment de silence; il était évident que le médecin s'approchait du lit et examinait le cadavre.

«Vous voyez qu'il est bien mort, dit le médecin; le pauvre fou est guéri de sa folie et délivré de sa captivité.

—Oui, oui, et il sera décemment enseveli° dans le sac le plus neuf   20
qu'on pourra trouver.

—Devons-nous accomplir cette dernière formalité devant vous, monsieur? demanda le geôlier.

—Sans doute, mais qu'on se hâte; je ne puis rester dans cette chambre toute la journée.»   25

De nouvelles allées et venues se firent entendre; un instant après, un bruit de toile° froissée parvint aux oreilles de Dantès. Il les entendit soulever le cadavre et le laisser retomber sur le lit.

---

livide bleuâtre   ensevelir envelopper un   toile (cloth)
cadavre corps d'une   mort dans un linceul
  personne morte

«À ce soir, dit le gouverneur.

—À quelle heure? demanda le geôlier.

—Vers onze heures.»

Alors ils sortirent. Plus un bruit. La chambre était vide.

5 Dantès sortit de la galerie.

Sur le lit, couché dans le sens° de la longueur, on voyait un sac de toile grossière, sous les larges plis° duquel se dessinait confusément une forme longue et raide°.

«Maintenant, se dit Dantès, on va m'oublier ici, et je mourrai dans
10 mon cachot comme Faria.»

Mais à cette pensée Edmond resta immobile, les yeux fixes, comme un homme qui a une idée subite° mais que cette idée effraie.

«Oh! oh! murmura-t-il, qui m'envoie cette pensée? Est-ce vous, mon Dieu? Puisqu'il n'y a que les morts qui sortent librement d'ici, prenons
15 la place des morts.»

Et sans perdre le temps de revenir sur° cette décision, il ouvrit le sac hideux, retira le cadavre du sac, et le transporta à son cachot. Là, il le coucha sur son lit, le couvrit de sa couverture et le tourna la tête le long du mur afin que le geôlier en apportant son repas° crût qu'il était
20 couché comme c'était souvent son habitude.

Ensuite il retourna à la chambre de l'abbé et se mit dans le sac à la place du cadavre.

———◆→◆←◆———

---

sens direction	**raide** (stiff)	**revenir sur** changer
plis (fold)	**subit** soudain	**repas** déjeuner ou dîner

Révisons...

A. Suivons l'intrigue. Complétez les phrases suivantes à votre façon selon l'action du chapitre 16.

1. En arrivant dans la cellule de l'abbé Faria, Edmond le voit _____.

2. Le vieillard meurt en disant à Edmond que/qu' _____.

3. Tout de suite après la mort de l'abbé, Edmond _____.

4. Edmond peut entendre ce qui se passe chez l'abbé parce que/qu' _____.

5. Le bruit de toile froissé qu'entend Edmond, c'est _____.

6. L'idée subite qu'a Edmond, c'est de/d' _____.

7. Avant de se mettre dans _____, il faut qu'Edmond _____.

8. Edmond espère que le geôlier, en apportant son déjeuner, va croire que/qu' _____.

B. Travail de réflexion. À votre avis, pourquoi Dantès a-t-il pris la place de l'abbé Faria? Qu'est-ce qui va lui arriver maintenant?

Lançons-nous dans la lecture...

Une fin certaine? Jeté dans la mer, un boulet attaché à ses pieds, Dantès n'a apparemment plus aucun espoir. Y a-t-il pourtant quelque chose au chapitre 17 qui nous indique que tout n'est pas perdu?

17

Le cimetière du château d'If

Les heures passèrent, sans amener aucun mouvement dans le château d'If. Enfin, vers l'heure fixeé par le gouverneur, des pas se firent entendre dans l'escalier. Edmond comprit que le moment était venu: il retint sa respiration.

5 La porte s'ouvrit. Au travers de la toile qui le couvrait, Dantès vit deux ombres° s'approcher de son lit. Une troisième restait à la porte, tenant à la main une torche. Chacun des deux hommes qui s'étaient approchés du lit saisit le sac par une de ses extrémités.

On transporta le prétendu mort du lit à une civière°. Edmond se
10 raidissait° pour mieux jouer son rôle de mort. On le posa sur la civière et le cortège°, éclairé par l'homme à la torche qui marchait devant, monta l'escalier.

Tout à coup, l'air frais de la nuit le saisit. Ce fut une sensation à la fois délicieuse et nouvelle pour lui.

15 Les porteurs firent une vingtaine de pas, puis ils s'arrêtèrent et déposèrent la civière par terre.

Un des porteurs se rapprocha d'Edmond et attacha un boulet à ses pieds.

La civière soulevée, reprit son chemin.

20 On fit encore quatre ou cinq pas et on s'arrêta pour ouvrir une porte, puis on se remit en route.

---

ombre (shadow) se raidir devenir raide cortège procession
civière (stretcher)

Le bruit des vagues se brisant sur le rocher sur lequel est bâti le château d'If arrivait aux oreilles de Dantès. On approchait de la mer.

On fit encore quatre ou cinq pas en montant, puis Dantès sentit qu'on le prenait par la tête et par les pieds et qu'on le balançait.

«Une, dirent les soldats.   5

—Deux.

—Trois!»

En même temps Dantès se sentit lancé en l'air, puis tomber de très haut. Quoique tiré en bas° par quelque chose de lourd° qui précipitait sa chute, il lui semblait que cette chute durait un siècle. Enfin, avec   10
un bruit épouvantable°, il entra comme une flèche° dans une eau glacée qui lui fit pousser un cri.

Dantès avait été lancé dans la mer au fond de laquelle l'entraînait le boulet attaché à ses pieds.

La mer est le cimetière du château d'If.   15

———— ◆ ————

A. Outils linguistiques: vocabulaire. Rattachez chacun des termes de la colonne **A** à un terme de la colonne **B**.

A	B
1. civière	a. canon
2. balancer	b. mer
3. prétendu	c. froid
4. vagues	d. pesant
5. ombres	e. procession
6. boulet	f. ambulance
7. flèche	g. feint
8. cortège	h. tirer à l'arc
9. glacé	i. jeter
10. lourd	j. contours

---

en bas (down)   épouvantable effrayant   flèche (arrow)
lourd pesant

B. Travail de réflexion. Donnez quelques raisons pour lesquelles l'auteur a dû abandonner son héros dans une situation si désespérée. (N'oubliez pas que *Le Comte de Monte-Cristo* a été publié comme un feuilleton *[serial novel]* pendant une période de 18 mois.).

Lançons-nous dans la lecture...

Rappel à la vie. Relevez les exploits de Dantès qui vous rappellent ceux des «super-héros» plus récents. Que fait-il de surhumain?

18

L'île de Tiboulen

Dantès eut cependant la présence d'esprit de retenir sa respiration. Il ouvrit rapidement le sac, sortit le bras, puis la tête. Il suffoquait. Alors, donnant un coup de pied°, par un effort suprême, il remonta libre à la surface de la mer. Il ne prit que le temps de respirer et replongea une seconde fois. 5

Lorsqu'il reparut pour la seconde fois, il était déjà à cinquante pas du lieu de sa chute. Il vit au-dessus de sa tête un ciel noir. Devant lui s'étendait l'horizon, tandis que derrière lui, plus noir que la mer, plus noir que le ciel, il vit se dresser, comme un fantôme, le rocher noir sur lequel est construit le château d'If. Il vit la torche éclairant deux ombres. 10

Il lui sembla que ces deux ombres se penchaient° sur la mer avec inquiétude: les soldats avaient dû entendre le cri qu'il avait jeté en traversant l'espace. Dantès plongea donc de nouveau, et fit un trajet° assez long sous l'eau avant de remonter à la surface.

Il fallait s'orienter: de toutes les îles qui entourent le château d'If, les 15 îles de Tiboulen et de Lemaire sont les plus près.

Mais comment trouver ces deux îles au milieu de cette nuit noire!

En ce moment, il vit briller comme une étoile le phare° de Planier°. En se dirigeant sur ce phare, il laissait l'île de Tiboulen un peu à gauche. En s'orientant ainsi, il devait donc rencontrer cette île sur son chemin. 20

«Voyons, se disait-il, voilà bientôt une heure que je nage; à moins de m'être trompé, je ne dois pas être loin de Tiboulen maintenant.»

---

un coup de pied (kick)
se pencher s'incliner
trajet distance parcourue

phare tour avec une lumière puissante pour guider les navires

Planier petite île située une quinzaine de kilomètres de Marseille

Et il se remit à nager avec la force et l'impulsion du désespoir.

Tout à coup il lui sembla que le ciel déjà noir, déjà si obscur, s'abaissait° sur lui; en même temps, il sentit une violente douleur au genou. Dantès allongea la main et sentit une résistance; il retira son
5 autre jambe à lui et toucha la terre; il vit alors quel était l'objet qu'il avait pris pour un nuage.

À vingt pas de lui s'élevait une masse de rochers: c'était l'île de Tiboulen.

———————◆———————

---

s'abaisser descendre

Révisons...

A. Personnages. Revoyons les personnages de l'histoire. À quelle personne de la colonne **B** attribuez-vous chacune des descriptions de la colonne **A**?

A	B
1. la fiancée de Dantès	**a.** Danglars
2. le prisonnier n°. 27, ancien secrétaire du cardinal Spada	**b.** M. de Villefort
	c. Edmond Dantès
	d. Mercédès
3. le voisin, un tailleur, auquel le père Dantès paie une dette	**e.** Napoléon Bonaparte
	f. le capitaine Leclère
4. Il est mort en voyage sur le *Pharaon*.	**g.** l'abbé Faria
	h. Fernand
5. un jeune matelot, second sur le *Pharaon*	**i.** Caderousse
	j. M. Morrel
6. le cousin de Mercédès, qui l'aime d'un amour jaloux	
7. le comptable du *Pharaon* qui conspire contre Dantès	
8. le substitut procureur du roi qui interroge Dantès	
9. l'empereur exilé dans l'île d'Elbe	
10. l'armateur et le propriétaire du *Pharaon*	

B. Suivons l'intrigue. Mettez les événements suivants par ordre chronologique selon l'action des chapitres 13 à 18.

1. ＿＿ Dantès obtient un instrument avec lequel il peut commencer lui-même à creuser.

2. ＿＿ Dantès se met dans le sac qui devait servir de linceul au cadavre de l'abbé.

3. ＿＿ L'abbé découvre qu'il a creusé un tunnel, mais pas dans la direction du mur de la citadelle.

4. ___ Dantès et l'abbé Faria se lient d'amitié.

5. ___ Deux soldats jettent le «cadavre de l'abbé» à la mer.

6. ___ Dantès, libre, nage vers l'île de Tiboulen.

7. ___ L'abbé explique à Dantès son projet de faire s'effondrer la galerie où se promenait la sentinelle.

8. ___ Edmond prend possession du papier qui décrit où le trésor se trouve.

C. **Recherches: un peu de géographie.** En utilisant un bon atlas, une carte routière (Michelin, par exemple), un livre de géographie ou bien l'Internet, consultez une carte détaillée de la côte française méditerranéenne. Essayez de trouver le château d'If, et les îles de Tiboulen, de Lemaire et de Planier. Estimez les distances entre ces îles et tracez la route prise par Dantès en nageant après avoir été jeté du château d'If.

D. **Par petits groupes... ou par écrit.** Comparez quelques-unes des aventures de Dantès avec celles d'un héros ou d'un «super-héros» plus moderne (Superman, le Fugitif, James Bond, etc.). Qu'est-ce que Dantès a de commun avec «nos» héros?

Lançons-nous das la lecture...

Un nouveau métier. Lisez le chapitre pour déterminer les raisons pour lesquelles le patron des contrebandiers embauche Dantès immédiatement, bien qu'il ait certains soupçons à son égard.

19

Les contrebandiers°

À peine avait-il touché terre que ses forces l'abandonnèrent. Il se coucha par terre et s'endormit.

Lorsqu'il se réveilla, il vit un navire qui passait tout près de l'île. Sans hésiter, Dantès se remit à nager vers le bateau. Toutefois, il avait compté sur des forces presque absentes et il était à bout de forces° 5 lorsqu'on le vit du navire. Un bateau ramé° par deux hommes vint à sa rencontre. Il était temps: Dantès était tout à fait à bout de forces.

Il entendit une voix qui lui criait: «Courage!»

Il lui sembla qu'on le saisissait par les cheveux.

Un instant après, il était sur le pont° de la *Jeune-Amélie.* 10

C'était un navire de contrebandiers.

«Qui êtes-vous? demanda en mauvais français le patron°.

—Je suis, répondit Dantès en mauvais italien, un matelot maltais°; notre navire s'est brisé sur ces roches que vous voyez là-bas. Vous m'avez sauvé la vie. 15

—Oui, mais maintenant, qu'allons-nous faire de vous? demanda le patron.

—Hélas! répondit Dantès, ce que vous voudrez. Heureusement, je suis assez bon matelot; laissez-moi dans le premier port où vous irez et je trouverai toujours de l'emploi sur un navire quelconque. 20

---

contrebandier (smuggler)	**ramer** (row)	**patron** chef, celui qui
à bout de forces exténué	**pont** (deck)	commande
de fatigue		**maltais** de l'île de Malte

—Vous connaissez Marseille?

—Je navigue depuis mon enfance; il y a peu de ports que je ne connaisse pas.

—Eh bien? dites-donc°, patron, demanda le matelot qui avait crié
5 courage à Dantès, si le camarade dit vrai, qu'est-ce qui empêche qu'il ne reste avec nous?

—Oui, s'il dit vrai, dit le patron. Prenez donc le gouvernail°, et que nous jugions de votre science.»

Le patron vit de suite que Dantès était un excellent marin.

10 «C'est bien, c'est bien, dit le patron, nous pourrons nous arranger si vous êtes raisonnable. Je vous paierai ce que je paie les autres matelots.

—Ce n'est pas assez, dit le matelot qui avait tiré Dantès de la mer, car il en sait plus long que les autres°.

—En quoi diable cela te regarde-t-il, Jacopo? dit le patron; chacun est
15 libre de s'engager° pour la somme qui lui convient.

—C'est juste, dit Jacopo, une simple observation que je faisais.

—Eh bien! tu feras mieux de prêter° à ce brave garçon, qui est tout nu°, une veste°, si toutefois tu en as une de rechange°.

—Non, dit Jacopo, mais j'ai une chemise et un pantalon.

20 —C'est tout ce qu'il me faut, dit Dantès; merci, mon ami.»

Tout à coup, on entendit le bruit d'une explosion venant du côté du château d'If.

«Tiens, demanda le patron, que veut dire° cela?

—Il se sera sauvé quelque prisonnier cette nuit, dit Dantès, et l'on tire
25 le canon d'alarme.»

---

dites-donc! (say!)	**il en sait plus long que les**	**prêter** donner pour un
gouvernail roue avec	**autres** il est plus	temps
laquelle on gouverne	instruit que les autres	**nu** sans vêtement
un navire	marins	**veste** (jacket)
	s'engager contracter un	**rechange** (spare)
	engagement	**vouloir dire** signifier

Dantès est sauvé par des contrebandiers.

Le patron jeta un coup d'œil sur le jeune homme et eut un moment de soupçon°.

«Si c'est lui, murmura le patron en le regardant, tant mieux; car j'ai fait là l'acquisition d'un fier° homme.»

5   Sous le prétexte qu'il était fatigué, Dantès demanda alors à s'asseoir près du gouvernail.

«Quel jour sommes-nous? demanda Dantès à Jacopo qui était venu s'asseoir auprès de lui.

—Le 28 février, répondit celui-ci.

10   —De quelle année? demanda encore Dantès.

—Comment, de quelle année! Vous demandez de quelle année? Vous avez oublié l'année?

—Que voulez-vous! j'ai eu une si grande peur cette nuit que j'ai failli en perdre l'esprit; si bien que ma mémoire en est demeurée toute
15   troublée: je vous demande donc, le 28 février de quelle année sommes-nous?

—De l'année 1839,» dit Jacopo.

Il y avait quatorze ans, jour pour jour, que Dantès avait été arrêté.

Il était entré à dix-neuf ans au château d'If, il en sortait à trente-trois ans.

———— ⊶•⊷ ————

---

soupçon opinion qui fait   **fier** ici, intrépide
   suspecter

Révisons...

A. Suivons l'intrigue. Terminez les phrases suivantes à votre façon selon l'action du chapitre 19.

1. Une fois sur l'île de Tiboulen, Dantès n'a pas pu continuer tout de suite parce que/qu' _____.
2. Pourtant, il s'est replongé dans la mer quand il a vu _____.
3. Au patron des contrebandiers, Dantès explique que/qu' _____.
4. Le patron n'hésite pas à embaucher Dantès quand Edmond lui dit que/qu' _____.
5. Devant le patron et Jacopo, Edmond prouve ses qualités de _____.
6. Jacopo propose un meilleur salaire pour Edmond, vu que/qu' _____.
7. Quand on entend le bruit d'une explosion, Edmond explique au patron que/qu' _____.
8. Edmond est sorti de prison en l'année _____, c'est-à-dire _____ ans après _____.

B. Travail de réflexion. Qu'est-ce que c'est qu'un *contrebandier*? Quelle est la fonction des contrebandiers? Pourquoi l'auteur les appelle-t-il des «demi-pirates»? Pour qui travaillent-ils généralement?

Est-ce qu'il y a des contrebandiers de nos jours? De quoi font-ils le trafic? Qui se charge généralement de les poursuivre?

Lançons-nous dans la lecture...

Une bonne astuce (*trick*). Lisez le chapitre pour trouver comment Edmond réussit à passer du temps seul dans «son» île de Monte-Cristo sans que les autres contrebandiers sachent pourquoi.

20

L'île de Monte-Cristo

Dantès avait passé deux mois et demi sur la *Jeune-Amélie*. Il était devenu ami avec tous les contrebandiers de la côte et avait appris les signes mystérieux à l'aide desquels ces demi-pirates se reconnaissaient entre eux.

5 Il avait passé et repassé vingt fois devant son île de Monte-Cristo; mais dans tout cela, il n'avait pas une seule fois trouvé l'occasion d'y débarquer°.

Un jour, toutefois, le patron de la *Jeune-Amélie* proposa comme lieu de débarquement l'île de Monte-Cristo, laquelle était complètement
10 déserte et n'ayant ni soldats ni douaniers°, semblait être un bon endroit pour les contrebandiers. La *Jeune-Amélie* était chargée de tapis° turcs, d'étoffes° du Levant° et de cachemires; il fallait trouver un terrain neutre où l'échange put se faire, puis jeter ces objets sur les côtes de France.

15 La *Jeune-Amélie* atterrit° donc à l'île de Monte-Cristo.

Aussitôt, en prenant son fusil, Dantès manifesta le désir d'aller tuer quelqu'une de ces nombreuses chèvres° sauvages que l'on voyait sauter de rocher en rocher. On attribua cette excursion de Dantès à l'amour de la chasse. Il n'y eut que Jacopo qui insista pour
20 le suivre.

En peu de temps, Dantès tua un chevreau° que Jacopo rapporta à ses compagnons.

---

débarquer quitter un navire pour aller à terre
douanier (custom-house officer)

tapis (rug)
étoffe (rich fabric)
Levant (Middle-East)
atterrir prendre terre

chèvre (goat)
chevreau petit de la chèvre

Dantès avait atteint le haut d'une montagne et ses compagnons le suivaient des yeux, admirant l'agilité avec laquelle il sautait d'un rocher à l'autre, lorsqu'ils le virent glisser du haut d'un rocher, et tomber.

Tous bondirent° d'un même élan°, car tous aimaient Edmond. Cependant, ce fut Jacopo qui arriva le premier.

Il trouva Edmond étendu°, sanglant° et presque sans connaissance.

On lui introduisit dans la bouche quelques gouttes° de rhum; ce remède produisit l'effet attendu: Edmond rouvrit les yeux. Il se plaignit d'une grande douleur au genou. On voulut le transporter jusqu'au rivage°; mais lorsqu'on le toucha, il déclara en gémissant° qu'il ne se sentait point la force de supporter le transport. Il prétendit qu'il n'avait besoin que d'un peu de repos, et qu'à leur retour, ils le trouveraient guéri°.

«Mais tu mourras de faim, dit le patron.

—J'aime mieux cela, répondit Edmond, que de souffrir les douleurs qu'un seul mouvement me fait endurer. Laissez-moi une petite provision de biscuits, un fusil et des munitions pour tuer des chevreaux, et une pioche°.»

Les contrebandiers laissèrent à Edmond ce qu'il demandait et s'éloignèrent, non sans se retourner plusieurs fois.

«C'est étrange, murmura Dantès en riant, que ce soit parmi de pareils hommes que l'on trouve des preuves d'amitié et des actes de dévouement.»

Dantès se traîna° jusqu'au haut d'un rocher d'où il regarda la *Jeune Amélie* lever l'ancre et s'éloigner.

Alors, Dantès se releva plus souple et plus léger qu'un des chevreau qui bondissaient sur les rochers.

---

bondir sauter
élan mouvement pour
   s'élancer
étendu couché tout le long
sanglant couvert de sang

goutte très petite quantité
   d'un liquide
rivage bord de la mer
gémissant (moaning)
guérir recouvrir la santé

pioche (pickaxe)
se traîner marcher av(
   difficulté

Dantès se mit à compter sa fortune.

«Eh maintenant, s'écria-t-il, en se rappelant cette histoire du pêcheur° arabe que lui avait racontée Faria, maintenant, Sésame, ouvre-toi!»

Dantès n'eut pas de mal° à découvrir la grotte° décrite dans le testament. Il y entra, descendit quelques marches. Après quelques secondes de séjour dans cette grotte, habitué comme il l'était aux ténèbres°, il put distinguer les choses.

Dantès se rappela les termes du testament qu'il savait par cœur: «Dans l'angle le plus éloigné est la seconde ouverture,» disait ce testament.

Dantès avait pénétré seulement dans la première grotte, il fallait maintenant chercher l'entrée de la seconde.

Il alla frapper à l'un des murs qui lui parut être celui où devait être cette ouverture, masquée sans doute pour plus grande précaution.

La pioche résonna° pendant un instant. Enfin il sembla au mineur persévérant qu'une portion de la muraille répondait par un son plus profond à ses coups de pioche; c'est qu'il devait y avoir là une ouverture.

Il frappa de nouveau et avec plus de force.

Après quelques coups il s'aperçut que les pierres étaient simplement posées les unes sur les autres. Dès lors°, Dantès n'eût qu'à tirer chaque pierre à lui avec sa pioche. L'ouverture faite, Dantès passa de cette première grotte à la seconde.

À gauche de l'ouverture était un angle profond et sombre. Le trésor s'il existait, était enterré là.

Comme pris d'une résolution subite, il attaqua le sol° hardiment. A cinquième ou sixième coup de pioche, le fer résonna sur du fer.

«C'est un coffre° de bois cerclé de fer,» se dit-il. Dantès se remi creuser. Maintenant il pouvait voir le coffre. Les armes° de la fam Spada étaient sur le couvercle.

---

pêcheur celui qui attrape les poissons
pas de mal pas de difficulté
grotte caverne

ténèbres ombres
résonner renvoyer le son
dès lors à partir de ce moment

sol terrain
coffre (chest)
armes (coat of arms)

Dès lors, il n'y avait plus de doute, le trésor était bien là.

Dantès essaya de soulever° le coffre: c'était chose impossible.

Dantès essaya de l'ouvrir: le coffre était fermé à clé.

Il introduisit la pointe de sa pioche entre le couvercle et le coffre, pesa° sur le manche de la pioche, et le couvercle céda.

Le coffre avait trois compartiments.

Dans le premier était des pièces d'or.

Dans le second, des lingots d'or.

Et dans le troisième enfin, Edmond remua à poignée les diamants, les perles, et les rubis qui faisaient, en retombant les uns sur les autres, le bruit de la grêle° sur les fenêtres.

Il se mit à compter sa fortune; il y avait mille lingots d'or, vingt-cinq mille pièces d'or, et environ dix fois la capacité de ses deux mains en perles et en diamants.

Dantès remplit ses poches de pierreries° de différentes grosseurs, ferma le coffre, le recouvrit de terre et sortit de la grotte.

Mais à quoi bon passer son temps à regarder cet or et ces diamants! se dit-il. Maintenant il fallait retourner dans la vie, parmi les hommes, prendre dans la société le rang, l'influence et le pouvoir que donne ce monde la richesse.

Pour le moment, il ne lui restait qu'à attendre que le navire des contrebandiers revienne le chercher.

———————◆◆◆———————

°lever un peu	grêle (hailstones)	°pierreries pierres fines
°puyer fortement		

Révisons...

A. Suivons l'intrigue. Répondez à chacune des questions suivantes par une ou deux phrases simples, mais complètes, selon l'action du chapitre 20.

1. Qu'est-ce que la *Jeune-Amélie*? Combien de temps Dantès avait-il déjà passé sur la *Jeune-Amélie*?

2. Qui a proposé un jour qu'ils débarquent à l'île de Monte-Cristo? Pourquoi?

3. Aussitôt débarqué à l'île, qu'est-ce que Dantès veut faire?

4. Quel accident Dantès subit-il dans la montagne? Qui vient à son aide?

5. Après l'accident, Dantès peut-il bouger ou être transporté? Qu'est-ce qu'il supplie à ses compagnons de faire?

6. Comment Dantès se sert-il enfin de ses jours de solitude dans l'île de Monte-Cristo?

7. Où se trouve Dantès quand il se souvient de cette phrase: «Dans l'angle le plus éloigné est la seconde ouverture»?

8. Où trouve-t-il enfin le coffre? Décrivez ce coffre et son contenu.

B. Travail de réflexion. En quoi consistait le trésor de la famille Spada? Expliquez comment de telles richesses pouvaient constituer la fortune entière d'une famille au XIXe siècle.

Nommez d'autres types de «richesses», surtout celles que nous considérons comme ayant de grande valeur de nos jours.

Lançons-nous dans la lecture...

Un nouvel homme. Découvrez avec Dantès la personne qu'il rencontre dans ce chapitre et qu'il connaissait il y a bien longtemps. Est-ce que cette personne reconnaît Dantès? Pourquoi ou pourquoi pas?

21

L'inconnu

Les contrebandiers revinrent le sixième jour. Dantès reconnut de loin la *Jeune-Amélie*.

Une fois à terre, ses compagnons lui demandèrent comment il se sentait; il leur dit qu'il allait beaucoup mieux et était complètement
5 remis de son accident.

Comme la *Jeune-Amélie* n'était venue à Monte-Cristo que pour le chercher, il se rembarqua° le soir même.

La *Jeune-Amélie* allait maintenant à Livourne°.

À Livourne, Dantès alla chez un bijoutier et vendit cinq mille francs,
10 chacun, quatre de ses plus petits diamants.

Le lendemain il acheta une barque toute neuve qu'il donna à Jacopo en ajoutant à ce don° mille francs afin qu'il pût engager un équipage° et cela à la condition que Jacopo irait à Marseille demander des nouvelles d'un vieillard nommé Louis Dantès, et d'une jeune fille, qui
15 demeurait au village des Catalans, qui s'appelait Mercédès.

Jacopo crut qu'il faisait un rêve. Edmond lui raconta qu'en arrivant à Livourne, il avait touché la succession d'un oncle qui l'avait fait son seul héritier.

D'un autre côté, comme l'engagement de Dantès à bord de la *Jeune-Amélie* était expiré, il dit au revoir au patron qui essaya d'abord de le
20

---

rembarquer monter dans un navire

Livourne port d'Italie (Livorno)
don présent, cadeau

équipage ensemble des hommes assurant le service d'un navire

retenir, mais qui, ayant appris de Jacopo l'histoire de l'héritage, renonça dès lors à vaincre la résolution de son ancien matelot.

Le lendemain Jacopo mit la voile° pour Marseille: il devait retrouver Dantès à Monte-Cristo.

Le même jour, Dantès alla à Gênes°.   5

Au moment où il arrivait, on essayait un petit yacht commandé par un Anglais qui, ayant entendu dire que les Génois étaient les meilleurs constructeurs de la Méditerranée, avait voulu avoir un yacht construit à Gênes; l'Anglais avait fait un prix de quarante mille francs. L'Anglais était allé en Suisse en attendant que son yacht soit achevé.   10
Il ne devait revenir que dans un mois. Dantès en offrit soixante mille francs, à la condition que le navire lui soit livré le jour même.

Le constructeur accepta, pensant qu'il aurait le temps de construire un autre yacht pour l'Anglais avant qu'il revienne.

Le constructeur offrit ses services à Dantès pour lui trouver un   15
équipage; mais Dantès le remercia disant qu'il avait l'habitude de naviguer seul, et que la seule chose qu'il désirait était qu'on construise dans la cabine, à la tête du lit, une armoire à secret° dans laquelle seraient trois compartiments à secret aussi. Il donna les mesures de ces compartiments, qui furent exécutés le lendemain.   20

Deux heures après, Dantès sortait du port de Gênes.

Une foule° de curieux suivait le yacht des yeux, voulant voir le seigneur° espagnol qui avait l'habitude de naviguer seul, et se demandant où il allait.

C'était à Monte-Cristo qu'il allait.   25

Il arriva vers la fin du second jour. L'île était déserte; personne ne paraissait y avoir été depuis que Dantès en était parti; il alla à son trésor; tout était dans le même état qu'il l'avait laissé.

Le lendemain son immense fortune était transportée à bord du yacht et enfermée dans les trois compartiments de l'armoire à secret.   30

---

mit la voile (set sail)   **armoire à secret** (secret   **foule** multitude de
Gênes (Genoa)   cabinet)   personnes
                                                                                   seigneur aristocrate

Le huitième jour Dantès vit un petit navire qui venait vers l'île et reconnut la barque de Jacopo: il fit un signal auquel Jacopo répondit, et deux heures après la barque de Jacopo était près du yacht.

Jacopo avait une triste réponse à chacune des demandes faites par Edmond:

Le vieux Dantès était mort.

Mercédès avait disparu.

Edmond écouta ces deux nouvelles d'un visage calme. Il prévoyait la mort de son père; mais Mercédès, qu'était-elle devenue?

Dantès décida de retourner en France. Son miroir lui avait appris qu'il ne courait pas le danger d'être reconnu.

Deux hommes de la barque de Jacopo passèrent sur son yacht pour l'aider à la manœuvre°, et il donna l'ordre de mettre le cap° sur Marseille.

Un matin donc, le yacht, suivi de la petite barque, entra bravement dans le port de Marseille et s'arrêta juste en face de l'endroit où, ce soir de fatale mémoire, on l'avait embarqué pour le château d'If.

Ce ne fut pas sans un certain frémissement° que Dantès vit venir à lui un gendarme. Mais Dantès, avec cette assurance parfaite qu'il avait acquise, lui présenta un passeport anglais qu'il avait acheté à Livourne, et moyennant° ce laissez-passer° étranger, il descendit sans difficulté à terre.

La première chose qu'aperçut Dantès en venant à terre fut un des matelots du *Pharaon*. Cet homme avait servi sous ses ordres. Dantès alla droit° à cet homme et lui fit plusieurs questions auxquelles celui-ci répondit sans même laisser soupçonner, ni par ses paroles°, ni par sa physionomie°, qu'il se rappelât avoir jamais vu celui qui lui adressait la parole.

Dantès donna au matelot une pièce de monnaie pour le remercier de ses renseignements; un instant après, il entendit le brave homme qui courait après lui. Dantès se retourna.

---

manœuvre art de gouverner un vaisseau	**frémissement** tremblement	**droit** directement
mettre le cap sur se diriger vers	**moyennant** au moyen de	**parole** mot
	laissez-passer permis de circuler	**physionomie** visage

«Pardon, monsieur, dit le matelot, mais vous vous êtes trompé sans doute; vous avez cru me donner une pièce d'un franc, et vous m'avez donné un louis°.

—En effet°, mon ami, dit Dantès; je m'étais trompé; mais comme votre honnêteté mérite une récompense, en voici un second que je 5 vous prie d'accepter pour boire à ma santé avec vos camarades.»

Le matelot regarda Edmond avec tant d'étonnement qu'il ne pensa même pas à le remercier.

Dantès alla à l'ancien appartement de son père. Les personnes qui habitaient ce petit logement étaient un jeune homme et une jeune 10 femme qui venaient de se marier depuis huit jours° seulement. Rien ne rappelait plus à Dantès l'appartement de son père: ce n'était plus le même papier; tous les vieux meubles avaient disparu.

En passant à l'étage au-dessous, Edmond s'arrêta devant une autre porte et demanda si c'était toujours le tailleur Caderousse qui 15 demeurait là. On lui répondit que l'homme dont il parlait avait fait de mauvaises affaires et tenait maintenant une petite auberge° sur la route de Bellegarde, près du pont du Gard°.

Dantès demanda l'adresse du propriétaire de la maison au concierge°; il se rendit chez lui, se fit annoncer sous le nom de lord Wilmore 20 (c'était le nom et le titre qui étaient portés sur son passeport) et lui acheta cette petite maison pour la somme de vingt-cinq mille francs. C'était dix mille francs au moins de plus qu'elle ne valait°.

Le jour même, les jeunes gens du cinquième étage furent prévenus que le nouveau propriétaire de leur maison leur donnait le choix d'un 25 appartement dans toute la maison, sans augmenter en aucune façon leur loyer°, à condition qu'ils lui cèdent les deux chambres qu'ils occupaient.

———————◆◆◆———————

louis pièce d'or de 20 francs	**auberge** petit hôtel où l'on sert à boire et à manger	**concierge** gardien d'une maison
en effet c'est vrai	**pont du Gard** aqueduc	**valoir** avoir un certain prix
huit jours une semaine	romain près de Nîmes	**loyer** prix d'un logement (par mois)

Révisons...

A. **Suivons l'intrigue.** Complétez les phrases suivantes à votre façon selon l'action du chapitre 21.

1. Les contrebandiers sont revenus chercher Dantès à l'île de Monte-Cristo au bout de _____.

2. La *Jeune-Amélie* est partie presque immédiatement pour _____.

3. En arrivant à Livourne, la première chose que fait Dantès c'est de/d' _____.

4. Toujours à Livourne, il s'est acheté _____.

5. Dantès a demandé à Jacopo de _____.

6. À Gênes Dantès s'est acheté _____ parce que/qu' _____.

7. Il a demandé que l'on construise _____ dans sa cabine.

8. Avec ce yacht, Dantès a l'intention d'aller _____.

9. Jacopo apporte des nouvelles à Dantès, c'est que/qu' _____ et que/qu' _____.

10. À mon avis, Dantès a acheté la maison où avait habité son père parce que/qu' _____.

B. **Travail de réflexion.** Dans ce chapitre Edmond fait des préparatifs. Décrivez ces préparatifs. Qu'est-ce qu'il prépare? Comprenez-vous pourquoi il agit ainsi?

Est-ce que Dantès vous semble changé? Dans quel sens?

Lançons-nous dans la lecture...

Une réhabilitation. Voici un assez long chapitre qui relate le sort (fate) de plusieurs personnes qui ont joué un rôle important dans la vie de Dantès.

Qui donne ces nouvelles à Dantès? Qu'est-ce que Dantès lui donne en récompense?

22

L'auberge du Pont du Gard

Un beau matin, on vit un prêtre arriver à cheval à l'auberge du Pont du Gard. Il frappa trois fois à la porte et aussitôt un grand chien noir se leva et fit quelques pas en aboyant° et en montrant ses grandes dents blanches.

«Me voilà! cria l'hôte du haut de l'escalier, me voilà! Veux-tu te taire, 5
Margotin! N'ayez pas peur, monsieur, il aboie mais il ne mord° pas. Vous désirez du vin, n'est-ce pas?... Ah! pardon, dit l'hôte en descendant l'escalier et en voyant à quelle sorte de voyageur il avait affaire°, pardon, monsieur l'abbé, je ne savais pas qui j'avais l'honneur de recevoir. Que désirez-vous, que demandez-vous, monsieur l'abbé, je suis à vos ordres.» 10

Le prêtre regarda cet homme pendant deux ou trois secondes avec une attention étrange.

«N'êtes-vous pas Monsieur Caderousse?

—Oui, monsieur, dit l'hôte. Gaspard Caderousse, pour vous servir. Voulez-vous vous rafraîchir, monsieur l'abbé? 15

—Oui, je veux bien; donnez-moi une bouteille de votre meilleur vin.

—Comme il vous fera plaisir,» dit Caderousse.

Lorsqu'au bout de cinq minutes Caderousse reparut avec une bouteille de vin, il trouva l'abbé assis sur une chaise, le coude° appuyé à une

---

aboyer crier, en parlant du chien
mordre (to bite)

avoir affaire à être en contact avec

coude (elbow)

table, tandis que Margotin qui paraissait avoir fait la paix avec lui, posait sa tête sur ses genoux.

«Vous êtes seul? demanda l'abbé à son hôte tandis que celui-ci posait devant lui la bouteille et un verre.

5   —Oh! mon Dieu, oui! seul ou à peu près, monsieur l'abbé, car j'ai ma femme qui ne peut aider en rien, car elle est toujours malade, la pauvre.

—Vous exerciez la profession de tailleur, n'est-ce pas?

—Oui, autrefois.

—Avez-vous connu en 1814 ou 1815 un marin qui s'appelait Dantès?

10 —Dantès!... Si je l'ai connu, ce pauvre Edmond! je le crois bien! c'était un de mes meilleurs amis.

—Qu'est-il devenu, ce pauvre Edmond?

—Il est mort prisonnier. Pauvre petit!» murmura Caderousse.

En disant ces mots, Caderousse pâlit.

15 «Pauvre petit! murmura Caderousse, je l'aimais bien, quoique j'aie à me reprocher d'avoir un instant envié son bonheur. Et vous l'avez connu, le pauvre petit? continua Caderousse.

—J'ai été appelé à son lit de mort pour lui offrir les derniers sacrements de la religion, répondit l'abbé.

20 —Et de quoi est-il mort? demanda Caderousse.

—Et de quoi meurt-on en prison quand on y meurt à trente ans, si ce n'est de la prison elle-même?»

Caderousse essuyait° la sueur° qui tombait sur son front.

«Ce qu'il y a d'étrange dans tout cela, reprit l'abbé, c'est que Dantès,
25 à son lit de mort, m'a toujours juré qu'il ignorait la véritable cause de sa captivité.

—C'est vrai, c'est vrai, murmura Caderousse, il ne pouvait pas la savoir; non, monsieur l'abbé, il ne mentait° pas, le pauvre petit.

---

essuyer (to wipe off)   **sueur** (perspiration)   **mentir** dire des mensonges

—C'est ce qui fait qu'il m'a chargé d'éclaircir° son malheur qu'il n'avait jamais pu éclaircir lui-même et de réhabiliter sa mémoire°.»

Et le regard de l'abbé, devenant de plus en plus fixe, étudia l'expression presque sombre qui apparut sur le visage de Caderousse.

«Un riche Anglais, continua l'abbé, son compagnon d'infortune, était 5
possesseur d'un diamant d'une grande valeur. En sortant de prison, il laissa ce diamant à Dantès qui, dans une maladie qu'il avait faite, l'avait soigné° comme un frère. Dantès, au lieu de s'en servir pour séduire ses geôliers, le conserva précieusement pour le cas où il sortirait de prison; car s'il sortait de prison, sa fortune était faite. 10

—C'est donc un diamant de grande valeur? dit Caderousse.

—Ce diamant je l'ai sur moi, dit l'abbé en le tirant de sa poche. Il vaut cinquante mille francs.

—Cinquante mille francs! s'exclama Caderousse. Mais comment vous trouvez-vous en possession de ce diamant? Edmond vous a donc fait 15
son héritier?

—Non, mais son exécuteur testamentaire. Dantès m'a dit qu'il avait trois bons amis et une fiancée; l'un de ces bons amis s'appelait Caderousse, m'a-t-il dit.»

Caderousse frémit. 20

«L'autre, continua l'abbé sans paraître s'apercevoir de l'émotion de Caderousse, l'autre s'appelait Danglars; le troisième, dit-il, bien que mon rival, il m'aimait aussi, il s'appelait Fernand. Quand à ma fiancée, son nom était Mercédès.

Et Dantès me dit aussi: vous vendrez ce diamant, vous ferez cinq parts, 25
et vous les partagerez° entre ces bons amis, les seuls qui m'aient aimé sur la terre.

—Comment cinq parts? dit Caderousse, vous ne m'avez nommé que quatre personnes.

éclaircir rendre clair	**réhabiliter sa mémoire** rétablir sa bonne réputation	**soigner** prendre soin de **partager** diviser en parts

—Parce que la cinquième est morte, à ce qu'on m'a dit... La cinquième était le père de Dantès.

—Hélas! Oui, dit Caderousse; le pauvre homme, il est mort.

—De quoi mourut-il?

5 —Ceux qui le connaissaient ont dit qu'il est mort de douleur... et moi qui l'ai presque vu mourir, je dis qu'il est mort de faim.

—De faim! s'écria l'abbé bondissant° sur sa chaise. Il avait pourtant beaucoup d'amis qui auraient pu lui venir en aide.

—Oh! reprit Caderousse, ce n'est pas que Mercédès et M. Morrel l'aient
10 abandonné, mais le pauvre vieillard s'était pris d'une antipathie° profonde pour Fernand, celui-là même, continua Caderousse avec un sourire ironique, que Dantès vous a dit être de ses amis.»

Les amis ne sont pas ceux qui trahissent°!

Sur l'insistance de l'abbé, Caderousse se mit à raconter tout ce qu'il
15 savait:

«Ce fut Danglars, dit-il, qui écrivit la dénonciation de la main gauche pour que son écriture ne fût pas reconnue, et Fernand qui l'envoya.

—Mais, s'écria tout à coup l'abbé, vous étiez là, vous! Et vous ne vous êtes pas opposé à cette infamie? alors vous êtes leur complice.

20 —Monsieur, dit Caderousse, ils m'avaient fait boire tous tant de vin que j'en avais à peu près perdu la raison. Je ne voyais plus qu'à travers un nuage. Ils m'avaient dit tous deux que c'était une plaisanterie qu'ils avaient voulu faire, et que cette plaisanterie n'aurait pas de suite°.

—Je comprends, dit l'abbé; vous avez laissé faire, voilà tout.

25 —Oui, monsieur, répondit Caderousse, et c'est mon remords° de la nuit et du jour. J'en demande bien souvent pardon à Dieu.

—Bien, monsieur, dit l'abbé, vous avez parlé avec franchise; s'accuser ainsi c'est mériter son pardon. Qu'est devenu Danglars, le plus coupable°, n'est-ce pas, l'instigateur?

---

bondir sauter
antipathie aversion
trahir (to betray)

suite conséquence
remords reproche de la
  conscience

coupable qui a commis un
  crime

—Ce qu'il est devenu? il a quitté Marseille; il est entré, sur la recommandation de M. Morrel qui ignorait son crime, chez un banquier espagnol; à l'époque de la guerre d'Espagne, il s'est chargé d'une part des fournitures° de l'armée française et a fait fortune. Il est devenu millionnaire avec tout l'argent qu'il a volé; on l'a fait baron. 5 Il a maintenant un hôtel° à Paris, six chevaux dans son écurie°, six laquais dans son antichambre, et je ne sais combien de millions.

—Et Fernand? demanda l'abbé.

—Il a fait fortune lui aussi. Lorsque Napoléon revint de l'île d'Elbe, il avait besoin de soldats: Fernand fut pris dans l'armée. À la veille° de la 10 bataille de Waterloo, il était de garde à la porte d'un général qui avait des relations secrètes avec l'ennemi. Cette nuit même, le général devait rejoindre les Anglais. Il proposa à Fernand de l'accompagner; Fernand accepta, quitta son poste et suivit le général. Avec la protection du général, qui était en haute faveur après la chute de l'Empire, Fernand 15 fut nommé lieutenant, capitaine, puis colonel. En 1823, il fut envoyé à Madrid où il retrouva Danglars. Chargé des achats° de matériel pour l'armée, il fit fortune. Fernand alla ensuite servir en Grèce qui était à ce moment en guerre contre la Turquie. Quelque temps après on apprit que le comte de Morcef, c'était le nom qu'il portait, était entré au 20 service d'Ali-Pacha avec le grade de général.

Ali-Pacha mourut mystérieusement.

Avant de mourir, Ali-Pacha récompensa les services de Fernand en lui laissant une somme considérable avec laquelle Fernand revint en France.

—Et Mercédès? demanda l'abbé. 25

—Mercédès est à cette heure une des plus grandes dames de Paris, répondit Caderousse.

—Continuez, dit l'abbé.

—Mercédès fut d'abord désespérée lorsque Dantès fut arrêté. Au milieu de son désespoir, une nouvelle douleur vint l'atteindre: ce fut 30 le départ de Fernand dont elle ignorait le crime et qu'elle considérait comme son frère.

---

fournitures (supplies)   **écurie** (stable)   **achat** action d'acheter
hôtel grande maison en
  ville   **veille** jour qui précède

Lorsque Fernand revint un an plus tard, Mercédès lui demanda six mois encore pour attendre et pleurer Edmond. Finalement, elle épousa Fernand. Maintenant, la fortune et les honneurs l'ont consolée sans doute. Elle est riche, elle est comtesse, et cependant...

5 —Cependant, quoi? demanda l'abbé.

—Cependant je suis sûr qu'elle n'est pas heureuse, dit Caderousse.

—Et M. de Villefort? demanda l'abbé.

—Oh! lui n'a pas été mon ami; je ne le connaissais pas.

—Mais ne savez-vous point ce qu'il est devenu, et la part qu'il a prise
10 au malheur d'Edmond?

—Je sais seulement qu'il a quitté Marseille. Sans doute que le bonheur lui aura souri comme aux autres, sans doute qu'il est riche comme Danglars, considéré° comme Fernand; moi seul, vous le voyez, suis resté pauvre, misérable et oublié de Dieu.

15 —Vous vous trompez, mon ami, dit l'abbé: Dieu peut paraître oublier parfois quand la justice se repose; mais il vient toujours au moment où il se souvient, et en voici la preuve.»

À ces mots l'abbé tira le diamant de sa poche et le présenta à Caderousse.

20 «Tenez, mon ami, lui dit-il, prenez ce diamant car il est à vous.

—Comment! à moi seul, s'écria Caderousse.

—Ce diamant devait être partagé entre ses amis: Edmond n'avait qu'un seul ami, le partage devient simple. Prenez ce diamant et vendez-le; il vaut cinquante mille francs, je vous le répète, et cette
25 somme, je l'espère, suffira pour vous tirer de la misère.»

Sur ces paroles, l'abbé se leva, prit son chapeau et ses gants, et sortit.

———✦⬩✦———

considéré respecté

Révisons...

A. Suivons l'intrigue. Rattachez un nom ou une description de *personnage*, que vous avez trouvés dans le chapitre 22, aux propos qui lui conviennent.

1. Il est devenu baron après avoir fait fortune à l'époque de la guerre d'Espagne. C'est _____.
2. Il est mort de douleur et de faim. C'est _____.
3. Autrefois tailleur, il est aujourd'hui aubergiste. C'est _____.
4. Riche aussi, il a été nommé colonel dans l'armée après avoir été espion pour les Anglais. C'est _____.
5. Il menace le prêtre, en aboyant et en montrant ses grandes dents blanches. C'est _____.
6. Elle a épousé Fernand après un an et demi d'attente, mais elle n'est pas heureuse. C'est _____.
7. Il a une immense fortune, mais il a encore besoin de se venger. C'est _____.
8. Souvent malade, elle ne peut plus aider son mari à l'auberge. C'est _____.
9. Il dit que sa consigne c'est de réhabiliter la mémoire d'Edmond Dantès. C'est _____.

B. Travail de réflexion. Cherchez le personnage de Caderousse dans les premiers chapitres du roman. Quel est son caractère d'après ses rapports avec le père de Dantès (chapitre 2)? Quel rôle a-t-il vraiment joué dans la conspiration contre Dantès (chapitre 4)?

À votre avis, est-ce que Caderousse mérite la récompense que l'abbé lui offre? Qui est «l'abbé»? A-t-il vraiment pardonné Caderousse? Pourquoi donc lui a-t-il offert cette récompense?

Lançons-nous dans la lecture...

Un homme d'affaires anglais? Ses bateaux perdus, la maison de M. Morrel risque de faire faillite.

Qui vient à l'aide de Morrel? Lisez le chapitre en prenant note de la description de cette personne et des deux services qu'il fait pour M. Morrel. Trouvez-vous curieux le comportement du jeune homme d'affaires anglais?

23

La maison Morrel

Dantès apprit à Marseille que M. Morrel, qui avait été si bon pour lui du temps de ses dix-neuf ans, avait perdu ses bateaux et était près de faire faillite°.

5   Le lendemain du jour où s'était passée sur la route de Bellegarde, à l'Auberge du Pont du Gard, la scène que nous venons de raconter, un homme de trente à trente-deux ans, vêtu d'un habit gris et d'un gilet° blanc, ayant à la fois la tournure° et l'accent britannique, se présenta chez le maire de Marseille.

  «Monsieur, lui dit-il, je suis le représentant de la maison Thomson et
10 French. Nous sommes depuis dix ans en relations avec la maison Morrel et fils. Nous avons une centaine de mille francs à peu près engagés dans ces relations, et nous ne sommes pas sans inquiétudes, car on nous dit que la maison menace ruine; j'arrive donc exprès° de Rome pour vous demander des renseignements sur cette maison.

15   —Monsieur, répondit le maire, je sais effectivement que depuis quatre ou cinq ans le malheur semble poursuivre M. Morrel; il a perdu quatre ou cinq navires et est prêt de faire banqueroute°»; je suis moi-même son créancier°. J'avais deux cent mille francs placés dans la maison Morrel: ces deux cent mille francs étaient la dot° de ma fille, que je

---

faillite état du commerçant qui ne peut pas payer ses dettes
gilet (vest)
tournure manière

exprès avec une intention formelle
banqueroute (bankruptcy)
créancier personne à qui l'on doit de l'argent

dot argent qu'apporte une femme en mariage

comptais marier dans quinze jours; ces deux cent mille francs étaient remboursables, cent mille le 15 de ce mois-ci, cent mille le 15 du mois prochain. M. Morrel est venu me voir il y a à peine une demi-heure pour me dire que si son navire le *Pharaon* n'était pas rentré d'ici le 15, il se trouverait dans l'impossibilité de me faire ce paiement. Cela 5 ressemble à une banqueroute.»

L'Anglais parut réfléchir un instant; puis il dit:

«Ainsi, monsieur, cette créance° vous inspire des craintes.

—C'est-à-dire que je la regarde comme perdue.

—Eh bien! moi je vous l'achète.» 10

Et l'Anglais tira de sa poche une liasse° de billets de banque et remit au maire la somme qu'il craignait de perdre.

«Maintenant faites-moi un simple transport° de votre créance, reconnaissant dans ce transport en avoir reçu le montant°.»

Le maire s'assit à son bureau et s'empressa° de faire le transport 15 demandé.

L'envoyé de la maison Thomson et French se présenta le lendemain chez M. Morrel.

Sur l'escalier, il rencontra une belle jeune fille de seize à dix-sept ans qui regarda l'étranger avec inquiétude. 20

«M. Morrel est à son cabinet? demanda l'Anglais.

—Oui, du moins je crois, dit la jeune fille en hésitant; qui faut-il annoncer?

—M'annoncer serait inutile, mademoiselle, répondit l'Anglais, M. Morrel ne connaît pas mon nom. Dites-lui que je suis l'envoyé de 25 la maison Thomson et French de Rome, avec lesquels monsieur votre père est en relations.»

---

créance crédit, dette **transport** transfert écrit **montant** total
liasse paquet de billets de sur papier **s'empresser** se dépêcher
   banque attachés
   ensemble

L'Anglais fut aussitôt introduit dans le bureau de M. Morrel. L'Anglais le regarda un moment. Quatorze ans avaient bien changé le digne armateur. Ses cheveux avaient blanchi.

M. Morrel passa la main sur son front couvert de sueur.

5 «Ainsi, monsieur, vous venez de la part de la maison Thomson et French?

—Oui, monsieur.

—Et vous avez des traites° signées par moi?

—Oui, monsieur, pour une somme assez considérable.

10 —Monsieur, dit Morrel en pâlissant, jusqu'à présent il y a plus de vingt-quatre ans que j'ai reçu la maison de mon père et, jusqu'à présent, pas un billet signé Morrel et fils n'a été présenté sans être payé.

—Oui, je sais cela, répondit l'Anglais, mais d'homme d'honneur à homme d'honneur, parlez franchement, monsieur, paierez-vous ceux-
15 ci avec la même exactitude?

—Oui, monsieur, je paierai si, comme je l'espère, mon navire arrive à bon port, car son arrivée me rendra le crédit que les accidents successifs dont j'ai été victime m'ont ôté: mais si par malheur le *Pharaon*, cette dernière ressource sur laquelle je compte, me manquait...»

20 Les larmes montèrent aux yeux du pauvre armateur.

«Eh bien, demanda son interlocuteur, si cette dernière ressource vous manquait?...

—Eh bien! Je serai perdu...

—Ainsi, dit l'Anglais, vous n'avez plus qu'une espérance?

25 —Une seule. Ce retard n'est pas naturel! le *Pharaon* est parti de Calcutta le 5 février; depuis plus d'un mois il devrait être ici.»

Soudainement, la porte s'ouvrit et la jeune fille entra précipitamment:

«Oh mon père! dit-elle en joignant les mains, pardonnez à votre enfant d'être la messagère d'une mauvaise nouvelle.»

---

traite lettre de paiement

Morrel pâlit affreusement; Julie vint se jeter dans les bras de son père.

«Oh mon père! mon père! dit-elle, du courage!

—Ainsi le *Pharaon* a péri?» demanda Morrel.

La jeune fille ne répondit pas, mais elle fit un signe affirmatif avec sa
tête appuyée contre la poitrine de son père.   5

«Voyons, dit l'étranger. Je suis un de vos principaux créanciers, n'est-
ce pas?

—Oui.

—Vous désirez un délai pour me payer?

—Un délai pourrait me sauver l'honneur, dit Morrel, et par   10
conséquent la vie.

—Combien demandez-vous?»

Morrel hésita.

«Deux mois, dit-il.

—Bien, dit l'étranger, je vous en donne trois.»   15

———————⋅•✦•⋅———————

Révisons...

A. Suivons l'intrigue. Dites si les déclarations suivantes sont **vraies
ou fausses** selon l'action du chapitre 23. Corrigez celles qui sont
fausses.

1. La maison (= les affaires) de M. Morrel est toujours en bon
   état.
2. À Marseille, d'autres personnes ont appris à Dantès la
   situation de M. Morrel.
3. Le jeune homme d'affaires qui se présente chez le maire de
   Marseille parle français sans accent.
4. L'Anglais interviewe le maire de Marseille pour pouvoir se
   renseigner sur les affaires de M. Morrel.

5. Le maire lui-même n'a aucun contact avec M. Morrel.

6. Le maire exige (*demands*) de l'Anglais qu'il lui achète la créance de 200 000 francs; c'est la dot de sa fille.

7. M. Morrel et «l'Anglais» se reconnaissent immédiatement.

8. M. Morrel dit qu'il pourra payer ses dettes avec exactitude une fois que le *Pharaon* arrivera.

9. La fille de M. Morrel vient lui annoncer une mauvaise nouvelle.

10. L'Anglais donne à M. Morrel un délai de deux mois pour payer.

B. **Travail de réflexion.** À votre avis, comment Dantès a-t-il pu connaître les circonstances de la famille Morrel? Et comment a-t-il pu se faire passer pour un homme d'affaires anglais?

Partagez vos conjectures avec des camarades de classe.

Lançons-nous dans la lecture...

La récompense des bons. Lisez le chapitre pour retracer la méthode – assez compliquée – qu'a choisie le «messager italien» pour changer la fortune de la famille Morrel.

Pourquoi a-t-il choisi le 5 septembre à onze heures? Comment pouvait-il être sûr que les choses se passeraient ainsi?

24

Le cinq septembre

Ce délai accordé par l'envoyé de la maison Thomson et French, au moment où Morrel s'y attendait le moins, lui redonna un peu de courage. Maintenant il avait jusqu'au 5 septembre.

Ce jour-là, en sortant de la maison de son père, Julie trouva à la porte un homme tenant une lettre à la main.   5

«N'êtes-vous pas mademoiselle Julie Morrel? dit cet homme avec un accent italien des plus prononcés.

—Oui, monsieur.

—Lisez cette lettre, dit l'homme en lui tendant un billet°.»

Julie hésitait.   10

«Il y va° du salut de votre père,» dit le messager.

La jeune fille lui prit la lettre des mains. Puis l'ouvrit vivement et lut:

«Rendez-vous à l'instant même rue Meilhan; entrez dans la maison N° 15; demandez au concierge la clé de la chambre du cinquième; entrez dans cette chambre, prenez sur le coin de la cheminée une   15
bourse° en soie rouge et apportez cette bourse à votre père.

«Il est important qu'il l'ait avant onze heures.

«Obéissez-moi.

«Simbab le Marin.»

---

billet petite lettre   **il y va** il s'agit   **bourse** petit sac à argent

«Mon père s'écria la jeune fille, vous êtes sauvé!»

La jeune fille leva les yeux, chercha pour l'interroger l'homme qui lui avait remis le billet, mais il avait disparu.

Julie savait que c'était le 5 septembre, jour où son père avait près de trois cent mille francs à rembourser.

Pendant ce temps, Morrel était seul dans son bureau. Il faisait son testament. Ses yeux se portèrent sur la pendule°: il lui restait sept minutes, voilà tout. L'aiguille° marchait avec une rapidité incroyable, il lui semblait. Deux pistolets tout chargés étaient posés sur son bureau. Il allongea la main, en prit un, et murmura le nom de sa fille. Puis il posa l'arme mortelle, prit la plume et écrivit quelques mots. Il lui semblait alors qu'il n'avait pas assez dit adieu à son enfant chérie. Puis il se retourna vers la pendule; il ne comptait plus par minute mais par seconde. Il reprit l'arme, la bouche entrouverte et les yeux fixés sur l'aiguille.

La pendule allait sonner onze heures.

Tout à coup il entendit un cri: c'était la voix de sa fille.

Il se retourna et aperçut Julie.

«Mon père! s'écria la jeune fille hors d'haleine° et presque mourante de joie, sauvé! vous êtes sauvé!»

Et elle se jeta dans ses bras en lui montrant la bourse rouge qu'elle avait rapportée.

«Sauvé, mon enfant! dit Morrel, que veux-tu dire?

—Oui, sauvé, voyez! voyez!» dit la jeune fille.

Morrel prit la bourse et tressaillit°. Elle contenait la traite acquittée° de deux cent mille francs, et un diamant énorme, avec ces trois mots écrits sur un petit morceau de parchemin:

«Dot de Julie.»

---

pendule horloge d'appartement	**hors d'haleine** (out of breath)	**ressaillir** frémir, sursauter
aiguille (clock hand)	**t**	**acquitté** payé

Morrel passa sa main sur son front: il croyait rêver.

En ce moment la pendule sonna onze heures.

———————◆◆◆———————

A. Outils linguistiques: vocabulaire. Rattachez les termes de la colonne **A** à ceux de la colonne **B**.

A	**B**
1. contrebande	**a.** faillite
2. soupçon	**b.** créance
3. signifier	**c.** bondir
4. ombres	**d.** se remettre
5. banqueroute	**e.** se dépêcher
6. s'empresser	**f.** vouloir dire
7. guérir	**g.** méfiance
8. total	**h.** marchandises prohibées
9. dette	**i.** ténèbres
10. sauter	**j.** montant

B. Suivons l'intrigue. Mettez les incidents suivants par ordre chronologique selon l'action des chapitres 19 à 24.

1. ___ Dantès se rend compte qu'il a été emprisonné pendant 14 ans.

2. ___ Julie Morrel trouve une bourse en soie rouge au coin de la cheminée dans une maison de la rue Meilhan.

3. ___ Après être tombé en montagne, Dantès reste seul dans l'île de Monte-Cristo pendant six jours.

4. ___ Dantès s'achète un petit yacht à Gênes; il s'en sert pour emporter son immense fortune.

5. ___ Caderousse, actuellement aubergiste, raconte le sort des conspirateurs au «prêtre».

6. ___ En route des Indes, le *Pharaon*, avec ses marchandises, se perd en mer.

7. ___ Le patron de la *Jeune-Amélie* embauche Dantès comme contrebandier.

8. ___ Un homme d'affaires anglais aide le maire de Marseille en achetant la créance que M. Morrel lui doit.

9. ___ Dantès rencontre un des matelots de l'ancien *Pharaon* qui ne le reconnaît pas.

10. ___En suivant le plan que lui a donné l'abbé Faria, Dantès trouve le trésor de la famille Spada.

C. Recherches: Alexandre Dumas, vie et œuvre. Cherchez dans une encyclopédie, une biographie de Dumas ou bien, sur Internet, des détails sur la vie d'Alexandre Dumas, père.

Établissez une liste de similarités entre la vie de Dumas et son œuvre (= les romans et les pièces de théâtre qu'il a écrits).

D. Par petits groupes... ou par écrit. À partir des recherches que vous avez faites (activité **C**), répondez à la question suivante: Est-ce que Dumas a réalisé (fulfilled) ses rêves dans son œuvre? Pour Dumas, est-ce que c'est la vie ou l'œuvre qui semble prédominer, ou bien est-ce qu'elles vont de pair (go hand in hand)? Partagez vos opinions avec des camarades de classe.

Lançons-nous dans la lecture...

Une métamorphose. Dantès n'est pas le seul personnage qui se soit transformé depuis sa jeunesse. Cherchez les détails qui montrent combien la vie extérieure de Fernand a changé. Mais, au fond, le comte de Morcef a-t-il changé?

25

Rencontre

«Et maintenant, dit Dantès, adieu bonté, humanité, reconnaissance... Adieu à tous les sentiments qui réjouissent° le cœur!... Je me suis substitué à la Providence pour récompenser les bons. Que le Dieu vengeur me cède sa place pour punir les méchants!»

Les années s'écoulèrent°. Dantès voyagea dans tous les pays du monde.
5   Il acheta l'île où il avait trouvé le trésor et prit le titre de comte de Monte-Cristo.

Il apprit que M. de Villefort avait poursuivi sa carrière politique sans le moindre scrupule, trahissant ses amis lorsque c'était à son avantage de le faire, prétendant être royaliste quand c'était le roi qui était au
10   pouvoir, et bonapartiste quand c'était l'empereur. Finalement, il était devenu fou.

À Paris, Dantès avait fait la connaissance d'Albert de Morcef, le fils de Mercédès et de Fernand.

Albert voulait que son ami, le comte de Monte-Cristo, voie l'hôtel
15   splendide que son père avait fait construire à Paris. Il l'invita donc à le visiter.

Albert le conduisit d'abord à la salle à manger au rez-de-chaussée. Monte-Cristo était un digne appréciateur de toutes les choses que le comte de Morcef avait collectionnées: vieux meubles,
20   porcelaines du Japon, étoffes d'Orient, armes de tous les pays du monde.

---

réjouir mettre en joie   **s'écouler** ici, passer

Albert conduisit ensuite son hôte au salon. Dans cette pièce il y avait des tableaux de grande valeur: des paysages° de Dupré, des aquarelles° de Boulanger, des toiles° de Delacroix, etc.

Albert s'attendait à montrer cette fois du moins quelque chose de nouveau au comte de Monte-Cristo; mais, à son grand étonnement, 5 celui-ci°, sans avoir besoin de chercher les signatures, dont quelques-unes d'ailleurs n'étaient présentes que par des initiales, appliqua à l'instant même le nom de chaque auteur° à son œuvre, de façon qu'il était facile de voir que non seulement chacun de ces noms lui était connu, mais encore que chacun de ces artistes avait été apprécié et 10 étudié par lui.

Du salon on passa dans la chambre à coucher. C'était à la fois un modèle d'élégance et de bon goût. Là, un seul portrait, mais signé Léopold Robert°, resplendissait dans son cadre°.

Ce portrait attira tout d'abord les regards du comte de Monte-Cristo, 15 car il fit trois pas rapides et s'arrêta tout à coup devant lui.

C'était celui d'une jeune femme de vingt-cinq ans, au regard de feu.

Il fut un moment de silence, pendant lequel Monte-Cristo demeura l'œil fixé sur cette peinture.

«Voici une bien jolie femme, vicomte, dit Monte-Cristo d'une voix 20 parfaitement calme.

—Vous ne connaissez pas ma mère, monsieur; c'est elle que vous voyez là.»

Monte-Cristo était occupé à regarder ce portrait lorsqu'une porte s'ouvrit, et il se trouva en face du comte de Morcef lui-même. 25

«Mon père, dit le jeune homme, j'ai l'honneur de vous présenter M. le comte de Monte-Cristo.

—Monsieur est le bienvenu parmi nous, dit le comte de Morcef en saluant Monte-Cristo.

—Ah! voici ma mère,» s'écria le vicomte. 30

---

paysage (landscape)	**celui-ci** i.e. le comte de	**Léopold Robert** peintre
aquarelle peinture à l'eau	Monte-Cristo	suisse (1794–1835)
toile peinture, tableau	**auteur** ici, artiste-peintre.	**cadre** (frame)

En effet, Monte-Cristo en se retournant, vit Mme de Morcef à l'entrée du salon: immobile et pâle, elle laissa tomber son bras qui s'était appuyé sur le dos doré° d'une chaise; elle était là depuis quelques secondes. Elle était d'une pâleur inquiétante.

5 «Eh! mon Dieu! Madame, demanda le comte, qu'avez-vous donc? serait-ce par hasard la chaleur de ce salon qui vous incommode°?

—Souffrez-vous, ma mère? s'écria le vicomte en s'élançant au-devant de Mercédès.

—Non, dit-elle; mais j'ai éprouvé° quelque émotion en voyant pour la
10 première fois le comte de Monte-Cristo, dont mon fils m'a beaucoup parlé.»

Le comte s'inclina profondément; il était plus pâle encore que Mercédès.

«Madame, dit Monte-Cristo, j'espère que vous m'excuserez, mais je
15 vais maintenant être obligé de vous quitter car j'ai un rendez-vous à deux heures.

—Alors, je ne vous retiens pas, monsieur, dit la comtesse.

—Mon cher comte, dit M. de Morcef, j'espère bien que vous reviendrez nous voir.

20 —Je n'y manquerai pas,» répondit Monte-Cristo en s'inclinant.

Albert accompagna le comte jusqu'à la porte de l'hôtel.

Le comte de Monte-Cristo s'élança dans sa voiture qui attendait devant la porte et qui partit au galop, mais pas si rapidement qu'il n'aperçut le mouvement imperceptible qui fit trembler le rideau° du
25 salon où il avait laissé Mme de Morcef.

---

doré couleur d'or	**incommoder** causer du malaise	**éprouver** sentir **rideau** (curtain)

Révisons...

A. **Suivons l'intrigue.** Complétez les phrases suivantes selon l'action du chapitre 25.

1. Après avoir récompensé les bons, Dantès fait un serment; il se jure de/d' _____.
2. Dantès s'appelle actuellement le comte de Monte-Cristo, parce que/qu' _____.
3. À Paris Dantès fait la connaissance d'Albert de Morcef, qui est en fait _____.
4. Dans le salon des Morcef le comte de Monte-Cristo remarque _____ et dans la chambre à coucher il s'étonne de voir _____.
5. Le comte de Morcef ne réagit pas en faisant la connaissance du comte de Monte-Cristo parce que/qu' _____.
6. En entrant dans le salon, la mère d'Albert était d'une pâleur effrayante parce que/qu' _____.
7. Au moment où il le quittait, M. de Morcef a demandé au comte de Monte-Cristo de/d' _____.
8. Le comte de Monte-Cristo lui a répondu qu'il _____.
9. Au moment où sa voiture partait, le comte de Monte-Cristo a aperçu _____.

B. **Travail de réflexion.** Comment expliquez-vous que Mme de Morcef semble d'abord être la seule qui se doute de la véritable identité du comte de Monte-Cristo? Et son mari? Donne-t-il aussi des signes de l'avoir reconnu? Chez les Morcef Dantès a-t-il l'air de savoir qu'on le reconnaît?

Lançons-nous dans la lecture...

Des révélations fatales. Le comte de Monte-Cristo et le comte de Morcef se rencontrent pour la deuxième fois. Lisez le chapitre en essayant de comprendre quelle émotion conduirait le comte de Morcef à faire ce qu'il fait à la fin.

26

Le suicide

Le comte de Monte-Cristo retourna voir M. de Morcef, comme il lui avait promis de le faire.

«Monsieur le comte de Morcef, lui dit Dantès, n'êtes-vous pas le soldat Fernand qui a déserté la veille de la bataille de Waterloo?
5 N'êtes-vous pas le lieutenant Fernand qui a servi de guide et d'espion°
à l'armée française en Espagne? N'êtes-vous pas le colonel Fernand qui a trahi, vendu et assassiné son bienfaiteur Ali Pacha? Et tous ces Fernand-là réunis, n'ont-ils pas fait le général, comte de Morcef?

—Oh! s'écria le général frappé par ces paroles comme par un fer
10 rouge; oh! misérable, qui me reproche ma honte°! Je te suis connu, je vois, mais c'est toi que je ne connais pas. Tu t'es fait appeler le comte de Monte-Cristo à Paris, lord Wilmore à Marseille, Simbab le Marin et que sais-je? moi, je l'ai oublié. Mais c'est ton nom réel que je veux savoir, afin que je le prononce au moment où je t'enfoncerai° mon
15 épée dans le cœur.»

Le comte de Monte-Cristo pâlit.

«Fernand! lui cria-t-il, de mes cent noms, je n'aurais besoin de t'en dire qu'un seul pour te foudroyer°; mais ce nom, tu le devines, n'est-ce pas? ou plutôt tu te le rappelles? car, malgré tous mes chagrins,
20 toutes mes tortures, je te montre aujourd'hui un visage que le bonheur de la vengeance rajeunit, un visage que tu dois avoir vu bien souvent dans tes rêves depuis ton mariage... avec Mercédès, ma fiancée!»

---

espion (spy)

honte sentiment
d'humiliation venant
d'une faute commise

enfoncer faire pénétrer
foudroyer (to strike down
with lightning)

Le général, le regard fixe, terrorisé, les mains tendues, alla chercher le mur comme point d'appui°; il s'y glissa lentement jusqu'à la porte par laquelle il sortit à reculons°, en laissant échapper ce seul cri lugubre, lamentable, déchirant°:

«Edmond Dantès!»   5

––––––––––◆◆––––––––––

Au moment même où le comte de Monte-Cristo montait dans sa voiture qui l'attendait devant la porte, un coup de feu retentit, et une fumée sombre sortit par une des vitres° de cette fenêtre de la chambre à coucher, brisée par la force de l'explosion.

Peu de temps après, Dantès apprit que Mercédès était entrée dans un   10
couvent.

––––––––––◆◆––––––––––

Révisons...

A. Suivons l'intrigue. Répondez à chacune des questions suivantes par une ou deux phrases simples, mais complètes, selon l'action du chapitre 26.

1. Dressez une liste des crimes dont le comte de Monte-Cristo accuse Fernand.
2. Combien de déguisements du comte de Monte-Cristo est-ce que Fernand connaît?
3. Rattachez les noms du comte de Monte-Cristo (que connaît Fernand) aux épisodes où le comte s'est servi de ces noms.
4. Qu'est-ce que Fernand menace le comte de Monte-Cristo de faire?
5. Qu'est-ce que Dantès dit finalement qui révèle à Fernand sa véritable identité?
6. Qu'est-ce que le comte de Monte-Cristo a entendu au moment même où il montait dans sa voiture?

––

appui support

à reculons en allant en arrière

déchirant (heart-rending)
vitre panneau de verre

7. Qu'est-ce que Fernand venait de faire?

8. Qu'est-ce que Mercédès fait par la suite? Pourquoi, à votre avis?

B. Travail de réflexion. Comment Dantès est-il arrivé à se venger de Fernand? Est-ce que le suicide de Fernand a été la faute de Dantès? Est-ce que Dantès aurait pu savoir que Fernand se suiciderait? Dantès aurait-il pu ou dû empêcher ce suicide?

Lançons-nous dans la lecture...

Un kidnapping. Enlevé par des bandits, Danglars subit des tortures qui semblent avoir été créées uniquement pour lui. Lisez le chapitre en notant les tourments de Danglars.

De quelle façon ces tourments lui conviennent-ils particulièrement? Pourquoi est-ce qu'il est «défendu aux bandits de verser du sang»?

27

Luigi Vampa

Entre Venise et Rome, la chaise de poste° dans laquelle voyageait le baron Danglars quitta subitement la grande route.

«Hé, ami! où allons-nous donc? dit le banquier au cocher, en passant la tête à travers la portière°.

—*Dentro la testa!*» cria une voix grave et impétueuse, accompagnée d'un geste de menace.   5

Danglars comprit que *dentro la testa* voulait dire: Rentrez la tête. Il faisait de rapides progrès en italien.

Il obéit, non sans inquiétude, et comme cette inquiétude augmentait de minute en minute, son esprit se trouva rempli de pensées. Il se rappela ces histoires de bandits qu'on lui avait   10 racontées.

Danglars vit un homme enveloppé d'un manteau qui galopait à côté de la voiture.

Au bout d'un instant, la portière gauche s'ouvrit.

«*Scinda!*» commanda une voix.   15

Danglars descendit à l'instant même.

---

chaise de poste ancienne voiture rapide de voyageurs

portière porte d'une voiture

Plus mort que vif, le baron regarda autour de lui.

Quatre hommes l'entouraient, sans compter le postillon°.

«*Avanti!*» dit la même voix à l'accent bref et impératif.

Cette fois Danglars comprit doublement: il comprit par la parole et
5 par le geste, car l'homme qui marchait derrière lui le poussa si
rudement en avant qu'il faillit° tomber.

On le mena à une grande salle creusée dans le roc, où le chef de la
bande semblait avoir son logement.

«Est-ce l'homme? demanda celui-ci.

10 —Lui-même, capitaine, lui-même.

—Cet homme est fatigué, dit le capitaine, qu'on le conduise à son
lit.»

On le mena à une cellule. Un lit fait d'herbes sèches°, recouvert de
peaux° de chèvres, était tout ce qu'il y avait dans cette pièce.

15 En poussant Danglars dans la cellule, le bandit referma la porte sur lui.

«Singuliers bandits! se dit-il, qui m'ont laissé ma bourse et ma
montre! Ils vont probablement me mettre à rançon.»

Quatre heures s'écoulèrent. Un bandit vint lui ouvrir la porte.

Danglars le reconnut pour celui qui lui avait crié d'une manière
20 furieuse: «Rentrez la tête.

—Pardon, monsieur, dit Danglars, mais est-ce qu'on ne va pas me
donner à dîner?

—Comment donc! s'écria le bandit, Votre Excellence aurait-elle faim,
par hasard?

25 —Les gens qui vous arrêtent et qui vous emprisonnent devraient au
moins nourrir leurs prisonniers. Il y a vingt-quatre heures que je n'ai
pas mangé.

---

postillon celui qui monte   **faillir** être sur le point de   **peau** (skin)
sur l'un des chevaux   **sèches** pas humides
d'une voiture

—Que désirez-vous, Excellence? Commandez!

—Vous avez donc des cuisines ici? demanda Danglars.

—Comment! si nous avons des cuisines? des cuisines parfaites!

—Et des cuisiniers?

—Excellents!

—Eh bien! un poulet, un poisson, un bifteck, n'importe quoi pourvu que je mange.»

Le bandit cria de toutes ses forces:

«Un poulet pour Son Excellence.»

Un instant après, on lui apportait un poulet sur un plat d'argent.

«On se croirait au Café de Paris,» murmura le banquier.

Danglars prit le couteau d'une main, la fourchette de l'autre, et se mit à découper le poulet.

«Pardon, Excellence, dit le bandit en posant une main sur l'épaule de Danglars; ici on paie avant de manger.

—Combien est-ce que je vous dois?

—Ce n'est que cent mille francs.

—Ah! très drôle, murmura-t-il, en vérité, très drôle!»

Et il voulut se remettre à découper le poulet; mais le bandit lui arrêta la main droite avec la main gauche, et lui tendit son autre main.

«Quoi! vous ne riez pas?

—Nous ne rions jamais, Excellence, reprit le bandit.

—Allons! allons! dit Danglars, je trouve cela très drôle, en vérité; mais comme j'ai très faim, tenez! voila cent mille francs.»

Le lendemain Danglars eut encore faim; le prisonnier crut que, pour ce jour-là, il n'aurait aucune dépense à faire; en homme économe, il avait caché la moitié de son poulet et un morceau de son pain dans le coin de sa cellule.

Mais il n'eut pas plutôt mangé qu'il eut soif. Il n'avait pas compté là-dessus.

Il appela son geôlier.

«Me voici, Excellence, dit le bandit en se présentant à Danglars, que
5 désirez-vous?

—À boire, dit le prisonnier.

—Excellence, vous savez que le vin est hors de prix° dans les environs de Rome.

—Donnez-moi de l'eau alors, dit Danglars.

10 —Oh! Excellence, l'eau est plus rare que le vin.

—Alors, dit Danglars, donnez-moi une bouteille de vin.

—Duquel?

—Du moins cher.

—Ils sont tous au même prix.

15 —Et quel prix?

—Vingt-cinq mille francs la bouteille.

—Dites, s'écria Danglars, vous voulez me ruiner!

—Il est possible que ce soit le projet du maître.

—Le maître, qui est-il donc?

20 —C'est Luigi Vampa.»

Danglars tressaillit. Il avait entendu parler de ce fameux bandit.

«Et où est-il?

—Ici.

—Est-ce que je peux le voir?

---

hors de prix
    excessivement cher

—C'est facile.»

L'instant après, Luigi Vampa était devant Danglars.

«Vous m'appelez? demanda-t-il au prisonnier.

—C'est vous, monsieur, qui êtes le chef des personnes qui m'ont amené ici?

—Oui, Excellence.

—Que désirez-vous de moi pour rançon?

—Mais tout simplement les cinq millions que vous avez.»

Danglars sentit qu'il allait mourir du coup.

«Je n'ai que cela au monde, monsieur, et c'est toute ma fortune; si vous me l'ôtez°, ôtez-moi la vie.

—Il nous est défendu de verser du sang, Excellence.

—Et par qui cela vous est-il défendu?

—Par celui auquel nous obéissons.

—Vous obéissez donc à quelqu'un?

—Oui.

—À qui?

—À Dieu.»

Danglars resta un instant pensif.

«Je ne vous comprends pas.

—C'est possible.

—Voyons, dit Danglars, voulez-vous un million?

—Non.

—Deux millions?

—Non.

ôter retirer, enlever

—Trois millions?... quatre?... Voyons, quatre? Je vous les donne à la condition que vous me laissiez aller.

—Non.

—Alors, prenez tout! prenez tout! vous dis-je, s'écria Danglars, et
5 tuez-moi.

—Allons, allons, calmez-vous, Excellence.

—Et quand je n'aurai plus d'argent pour vous payer! s'écria Danglars exaspéré.

—Alors vous aurez faim.

10 —Mais vous me dites que vous ne voulez pas me tuer et vous voulez me laisser mourir de faim?

—Ce n'est pas la même chose.

—Eh bien! misérables! s'écria Danglars, mourir pour mourir, j'aime autant en finir tout de suite; faites-moi souffrir, torturez-moi, tuez-
15 moi, mais vous n'aurez plus ma signature.

—Comme il vous plaît, Excellence,» dit Vampa.

Et il sortit de la cellule.

Révisons...

A. Outils linguistiques: vocabulaire. Rattachez les termes de la colonne **A** à ceux de la colonne **B**.

A	B
1. ôter	a. portière
2. chaise de poste	b. frissonner
3. découper	c. passer
4. être sur le point de	d. enlever
5. tressaillir	e. trop cher
6. étrange	f. mettre en pièces
7. porte d'une voiture	g. faillir
8. s'écouler	h. à condition que
9. hors de prix	i. singulier
10. pourvu que	j. voiture rapide

B. Travail de réflexion. À votre avis, pourquoi cet épisode a-t-il lieu en Italie?

Le personnage du bandit Luigi Vampa vous rappelle-t-il d'autres personnages similaires dans des histoires traditionnelles ou modernes? Danglars le reconnaît-il tout de suite? Quel est le véritable rôle du bandit Luigi Vampa dans cet épisode?

Lançons-nous dans la lecture...

Une justice singulière. Lisez le chapitre en imaginant une scène de cinéma. Quels éléments de cet épisode l'auteur a-t-il choisis pour nous faire peur, pour nous mettre en suspens, pour nous rendre inquiets?

28

Le pardon

Sa résolution de ne pas signer dura deux jours, après quoi il demanda qu'on lui apporte à manger et offrit un million.

Dès lors° la vie du malheureux prisonnier fut une torture perpétuelle. Il avait tant souffert qu'il ne voulait plus s'exposer à souffrir et
5 subissait toutes les exigences°; au bout de douze jours, il s'aperçut qu'il avait signé tant de chèques au porteur qu'il ne lui restait plus que cinquante mille francs.

Alors il se fit une réaction étrange: lui qui venait d'abandonner cinq millions, il essaya de sauver les cinquante mille francs qu'il lui restait:
10 plutôt° que de donner ces cinquante mille francs, il se résolut° de reprendre une vie de privations. Il pria Dieu de lui conserver ces cinquante mille francs, et en priant il pleura.

Trois jours se passèrent ainsi, pendant lesquels le nom de Dieu fut constamment, sinon dans son cœur, du moins sur ses lèvres°.

15 Il mourait de faim.

Le cinquième jour, ce n'était plus un homme, c'était un cadavre vivant.

«Le chef! cria-t-il, le chef!

—Me voilà! dit Vampa, paraissant tout à coup; que désirez-vous?

---

dès lors dès ce temps-là   **plutôt** au lieu   **lèvres** (lips)
exigence (demand)   **se résoudre** se déterminer

—Oh! oui, je me repens! je me repens!» s'écria Danglars.

—Prenez ce qui me reste d'argent, balbutia° Danglars, et laissez-moi vivre ici, dans cette caverne; je ne demande plus ma liberté, je ne demande qu'à vivre.

—Vous souffrez donc bien, demanda Vampa.

5 —Oh! oui! je souffre, et cruellement!

—Il y a cependant des hommes qui ont encore plus souffert que vous.

—Je ne crois pas.

—Si, ceux qui sont morts de faim, dit Vampa.

—Vous repentez-vous, au moins?» dit une voix sombre et solennelle,
10 qui fit dresser les cheveux sur la tête de Danglars.

Il vit derrière le bandit un homme enveloppé d'un manteau et perdu dans l'ombre.

«De quoi faut-il que je me repente? balbutia Danglars.

—Du mal que vous avez fait.

15 —Oh! oui, je me repens! je me repens!» s'écria Danglars.

Et il se frappa la poitrine de son poing.

«Alors je te pardonne, dit l'homme en jetant son manteau et en faisant un pas pour se placer dans la lumière.

—Le comte de Monte-Cristo! s'écria Danglars, plus pâle qu'il ne
20 l'était un instant auparavant.

—Vous vous trompez; je ne suis pas le comte de Monte-Cristo.

—Et qui êtes-vous donc?

—Je suis celui que vous avez vendu, livré, déshonoré; je suis celui sur lequel vous avez marché pour vous hausser° jusqu'à la fortune; je suis
25 celui dont vous avez fait mourir le père de faim, que vous avez condamné à mourir de faim, et qui pourtant vous pardonne, parce qu'il a besoin lui-même d'être pardonné; je suis Edmond Dantès!»

---

balbutier articuler avec   **hausser** lever
    hésitation et difficulté

Danglars poussa un cri, et tomba prosterné.

«Relevez-vous, dit le comte, vous avez la vie sauve; pareille fortune n'est pas arrivée à vos deux autres complices: l'un est fou, l'autre est mort! Gardez les cinquante mille francs qui vous restent, je vous en fais don; quant à vos cinq millions, argent que vous avez volé, ils seront restitués à ceux que vous avez volés par une main inconnue. Et maintenant, mangez et buvez; ce soir, je vous fais mon hôte°.»

Se tournant vers le bandit il dit:

«Vampa, quand cet homme sera rassasié°, il sera libre.»

Danglars resta prosterné° tandis que le comte s'éloignait.

Comme l'avait ordonné le comte, Danglars fut servi par Vampa qui lui fit apporter le meilleur vin et les plus beaux fruits d'Italie; ensuite, l'ayant fait monter dans sa chaise de poste, il l'abandonna sur la route.

Il y resta jusqu'au jour, ignorant où il était.

Au jour, il s'aperçut qu'il était près d'un ruisseau°; il avait soif, il se traîna jusqu'à lui.

En se baissant pour y boire, il s'aperçut que ses cheveux étaient devenus blancs.

——— ◆◆◆ ———

Révisons...

A. **Suivons l'intrigue.** Dites si les déclarations sont **vraies ou fausses,** selon l'action du chapitre 28. Corrigez celles qui sont fausses.

1. Danglars n'a jamais signé de chèques pour les bandits.
2. Le compte en banque de Danglars ne contenait que cinquante mille francs.
3. Ayant faim, Danglars donne rapidement les cinquante mille francs qui lui restent au porteur.

---

hôte ici, invité   **se prosterner** se courber   **ruisseau** petite rivière
rassasier apaiser la faim   en signe de respect

4. Vampa rappelle à Danglars qu'il y a des hommes qui ont plus souffert que lui.

5. Dans une scène dramatique, Danglars se repent devant une présence obscure et formidable.

6. Le comte de Monte-Cristo dit à Danglars qu'il ne pourrait jamais le pardonner.

7. Avant ce moment Danglars ne savait pas que le comte de Monte-Cristo et Edmond Dantès étaient une seule et même personne.

8. L' «un est fou, l'autre est mort»: Dantès parle de Villefort et de Fernand.

9. Vampa et Dantès ne vont plus rien donner à manger ni à boire à Danglars.

10. Désormais Danglars est condamné à travailler pour les bandits.

B. Travail de réflexion. Pourquoi Dantès a-t-il besoin de se servir d'un complice comme Luigi Vampa pour réaliser son projet de vengeance?

Quelle a été enfin la punition de Danglars? Comment a-t-il souffert? Qu'est-ce qu'il a perdu? À votre avis, s'agit-il ici d'une punition qui convient au crime de Danglars? Imaginez l'avenir de cet homme.

Lançons-nous dans la lecture...

La bonne fortune. Lisez le chapitre pour trouver la réponse à cette question: Comment la présence d'Haydée changera les fortunes de Dantès encore une fois?

29

Haydée

Au cours d'un voyage qu'il fit en Turquie, le comte de Monte-Cristo avait acheté une esclave° qu'il libéra. Elle s'appelait Haydée. Elle était la fille d'un pacha° illustre de la Grèce qu'on avait fait captive et qu'on vendait en esclavage.

La belle Haydée était seule au monde et resta plusieurs années avec le   5
comte qui la considérait comme sa protégée. Elle adorait son sauveur et le comte la traitait avec tout l'honneur dû à une princesse.

De retour en France, le comte lui dit:

«Haydée, tu sais que nous sommes maintenant en France, et par conséquent que tu es libre.   10

—Libre de quoi faire? demanda la jeune fille.

—Libre de me quitter.

—Te quitter!... et pourquoi te quitterais-je?

—Que sais-je, moi? pour aller voir le monde.

—Je ne veux voir personne.   15

—Et si parmi les beaux jeunes gens que tu rencontreras, tu en trouvais quelqu'un qui te plût, je ne serais pas assez injuste...

—Je n'ai jamais vu d'hommes plus beaux que toi, et je n'ai jamais aimé que mon père et toi.

---

esclave (slave)   pacha titre honorifique
                       dans les pays
                       musulmans

—Pauvre enfant, dit Monte-Cristo, c'est que tu n'as guère° parlé qu'à ton père et à moi.

—Eh bien! qu'ai-je besoin de parler à d'autres?

—En tout cas, maintenant, Haydée, tu sais que tu es libre. Tu resteras
5 ici quand tu voudras rester; tu sortiras quand tu voudras sortir; continue d'apprendre la vie de mon pays; cela te servira toujours, que tu restes ici ou retournes en Orient.»

La jeune fille leva sur le comte ses grands yeux humides et répondit:

«Ou que *nous* retournions en Orient, tu veux dire n'est-ce pas, mon
10 seigneur?»

———————◆◆———————

Révisons...

A. Suivons l'intrigue. Complétez les phrases suivantes à votre façon, selon l'action du chapitre 29.

1. Le comte de Monte-Cristo a acheté Haydée en _____, mais elle était née en _____.
2. Haydée est la fille de/d'_____.
3. Immédiatement après l'avoir achetée, le comte l'a _____; il la traitait _____.
4. En France quand le comte invite Haydée à le quitter, elle _____.
5. Quand le comte lui rappelle qu'elle pourrait rencontrer quelque part un beau jeune homme, Haydée lui répond _____.
6. Le comte invite Haydée à connaître la vie de son pays parce que/qu' _____.
7. Quand le comte parle du retour d'Haydée en Orient, elle _____.

B. Travail de réflexion. À votre avis, Dantès et Haydée vont-ils bien s'entendre? En quoi sont-ils différents l'un de l'autre? En quoi est-ce qu'ils se ressemblent? Quels objectifs communs est-ce qu'ils pourraient avoir? Imaginez leur avenir.

---

guère peu, pas beaucoup

Lançons-nous dans la lecture...

Un nouveau départ. En lisant ce dernier chapitre, dites ce qui
(quel acte du comte?) pousse Haydée à déclarer enfin son amour.
Et comment le comte de Monte-Cristo réagit-il devant la
déclaration d'Haydée?

30
____

Le testament

Un jour, comme Monte-Cristo écrivait son testament, léguant sa
fortune à Haydée, un cri, poussé derrière lui, lui fit tomber la plume
de ses mains.

«Que fais-tu là? demanda Haydée.

—Je vais faire un voyage, dit Monte-Cristo avec une expression de 5
mélancolie et de tendresse infinies, et s'il m'arrivait un malheur...»

Haydée sourit tristement en secouant° la tête.

«Vous pensez à mourir, mon seigneur? dit-elle.

—C'est une pensée salutaire, mon enfant, a dit le sage.

—Eh bien, si vous mourez, léguez votre fortune à d'autres qu'à moi, 10
car si vous mourez... je n'aurai plus besoin de rien.»

Le comte sentit une vive émotion. Il ouvrit ses bras et Haydée s'y
élança° en pleurant.

«Tu m'aimes donc?

—Oui! oui, je t'aime comme on aime son père, son frère, son mari! Je 15
t'aime comme on aime sa vie, comme on aime son Dieu, car tu es pour
moi le plus beau, le meilleur et le plus grand de tous les hommes.

—Qu'il soit donc fait ainsi que tu le veux, mon ange chéri! dit le
comte. Aime-moi donc, Haydée! Qui sait? ton amour me fera peut-
être oublier ce qu'il faut que j'oublie. 20

---

secouer (to shake)   s'élancer se jeter

«Je n'ai plus que toi au monde, Haydée.»

—Mais que dis-tu donc là, mon seigneur? demanda la jeune fille.

—Je dis qu'un mot de toi, Haydée, m'a plus éclairé que vingt ans de ma lente sagesse°; je n'ai plus que toi au monde, Haydée; par toi je me rattache à la vie, par toi je peux souffrir, par toi je peux être heureux.»

━━━━━◆━━━━━

Révisons...

A. Outils linguistiques: vocabulaire. Complétez les phrases suivantes avec un terme ou une expression tiré du vocabulaire suggéré.

Vocabulaire suggéré: appui, balbutié, cadre, doré, failli, faillite, fourrure, haussé, honte, paysages, peaux, rideaux, ruisseau, toile

1. M. Morrel n'aurait pas pu éviter de faire _____ sans l' _____ du comte de Monte-Cristo.
2. Quant à l'art du XIXe siècle, j'apprécie surtout les _____ des impressionnistes.
3. Ma cousine a jeté son manteau de _____, parce qu'elle est contre l'utilisation industrielle des _____ d'animaux.
4. Il est clair que Fernand (*aka* le comte de Morcef) a très _____ des crimes qu'il a commis.
5. Cette _____ de Delacroix est entourée d'un beau _____ _____.
6. Le trottoir est couvert de glace, j'ai _____ tomber!
7. Mes fenêtres laissent passer trop de soleil, mais je les préfère tout de même sans _____.
8. Nous avons fait un pique-nique à la campagne tout près d'un joli _____.
9. Lorsque le prof a posé cette question à Thierry, il ne savait pas répondre ; il a _____ les épaules.
10. En fait, il a _____, telle son articulation était mauvaise.

_____

sagesse (wisdom)

B. Suivons l'intrigue. Mettez les incidents suivants par ordre chronologique selon l'action des chapitres 25 à 30.

1. _____ Dantès aperçoit le portrait de Mercédès peint par Léopold Robert.

2. _____ Le comte de Monte-Cristo rédige son testament en faveur d'Haydée.

3. _____ Un coup de feu retentit derrière la fenêtre de la chambre à coucher de monsieur le comte de Morcef.

4. _____ Danglars se repentit et est pardonné par le comte de Monte-Cristo.

5. _____ Le comte de Monte-Cristo libère une jeune femme qu'il a achetée en esclavage.

6. _____ Albert de Morcef présente son père et sa mère au comte de Monte-Cristo.

7. _____ Danglars est arrêté par des bandits italiens entre Venise et Rome.

8. _____ Le comte de Monte-Cristo répond aux déclarations d'amour d'Haydée.

9. _____ Le général de Morcef se rend compte qu'il est connu par le comte de Monte-Cristo.

10. _____ Danglars paie cent mille francs pour son premier repas.

C. Recherches: un peu d'histoire. En quelle année Dantès s'est-il échappé du château d'If (28 février 1815 + 14 ans)? Consultez des livres d'histoire, une encyclopédie ou l'Internet pour des détails sur l'histoire européenne des années 1830-1850.

Pendant cette période, est-ce qu'il y a eu de grands événements ou de grands changements? Nommez-en quelques-uns. Quels noms célèbres figurent dans l'histoire de cette période, particulièrement en France?

À votre avis, est-ce que certaines des activités de Dantès / du comte de Monte-Cristo (après son évasion du château d'If) ont reflété l'époque où il vivait?

D. Par petits groupes... ou par écrit. Dantès se venge de ses ennemis. Que pensez-vous des jugements ou des condamnations faits
par des individus dans un esprit de *vengeance*, c'est-à-dire hors du
système judiciaire. Cette sorte de jugement apparaît assez souvent
dans la fiction d'Alexandre Dumas – dans *Les Trois Mousquetaires*
et dans *Le Comte de Monte-Cristo*, par exemple.

Est-ce que cette éthique de *légitime défense* nous dit quelque
chose sur le héros idéal de Dumas? Quelles sont les conséquences
logiques d'une telle action individuelle dans notre société?

Pourquoi Dantès a-t-il dit à Danglars qu'il pardonne parce qu'«il
a besoin lui-même d'être pardonné»?

THE HOURGLASS, THOUGH TIMELESS, IS A ∠ or "H

SERVANT OF FATE

About how women's bodies, though beautiful and timeless, age, lose their youth, like an hourglass that, once all the sand is in the bottom half, cannot turn around and start time again. It is stuck, shackled, like women are to aging.

Materials the hourglass is made of
porcelain
obsidian
mahogany
→ different skin colors of different types of women
Represents how all women of all races are subject to aging

An hourglass, though timeless, is a servant of fate
<u>Like the women & her body</u>

The hourglass represents the female body
1) because women's bodies are sometimes said to take the shape of the hourglass

2) because time runs out of an hourglass and unless it can be turned around (which in this case it can't), it cannot begin again — like women can't reverse aging. We are like hourglasses chained to the floor.

JUXTAPOSED with

a comparison of women to fine wine — they better with age